金光明經

賴永海◆主編
劉鹿鳴◆譯注

前言

《金光明經》是大乘佛教中有著重要影響力的經典之一。由於經中所說的誦持本經能夠帶來不可思議的護國利民功德，能使國中饑饉、疾疫、戰亂得以平息，國土豐饒，人民歡樂，故歷代以來《金光明經》被視為護國之經，在大乘佛教流行的地區都受到了廣泛重視。加之經中的金鼓懺悔法、流水長者子治病護生，以及薩埵王子捨身飼虎的著名故事，使得這部經成為被廣泛持誦的大乘經典。在尼泊爾，此經自古以來被視為九部大經之一，並在此發現了原始梵本。在日本，這部經從七世紀開始就被列為「鎮護國家三經」之一（《妙法蓮華經》、《仁王護國般若經》、《金光明經》），在全國的寺廟誦讀。這部經在蒙藏地區也持誦得非常普遍，過去在蒙古地區有各家輪流供養僧人每天念誦《金光明最勝王經》的習俗。

一、本經五譯五本

本經漢文有五譯五本（依《歷代三寶紀》、《大唐內典錄》、《開元釋教錄》）：

㈠北涼玄始年間（四一二—四二七）曇無讖譯《金光明經》四卷，十八品（以下簡稱讖本）。

㈡梁承聖元年（五五二）真諦再譯成七卷（或六卷），名「金光明帝王經」，是在讖本基礎上補譯〈三身分別〉、〈業障滅〉、〈陀羅尼最淨地〉、〈依空滿願〉四品，而成二十二品。今不存。

㈢北周武帝時（五六一—五七八）耶舍崛多再譯成五卷，名「金光明更廣壽量大辯陀羅尼經」。《開元釋教錄》說也是讖本的增譯本，主要是對〈壽量品〉增補其文，對〈大辯品〉增加了咒法，故稱為「更廣壽量、大辯陀羅尼經」。今不存。

㈣隋開皇十七年（五九七）大興善寺沙門寶貴綜合各家譯本，刪同補缺，主要依據讖譯本，合以真諦補譯四品及耶舍崛多對〈壽量〉、〈大辯〉二品的增補文，同時從當時新傳入中土的梵本中發現有〈囑累〉、〈銀主陀羅尼〉二品，更請闍那崛多譯出，由此而成《合部金光明經》八卷，二十四品（以下簡稱合本）。

㈤武周長安三年（七〇三）義淨譯出《金光明最勝王經》十卷，三十一品（以下簡稱淨本）。這一譯本品目義理最為完備，譯文華質得中，慈恩宗慧沼曾據以注疏宏揚。

其中一、四、五譯本今存，品目對照如頁 iii、iv。

現存讖本、合本、淨本三個版本，序分、正宗分、流通分都具足。其中，合本與淨本內容大同小

科判	金光明經	合部金光明經	金光明最勝王經
序分	序品第一	序品第一	
正宗分 果	壽量品第二	壽量品第二（耶舍增補）	如來壽量品第二
		三身分別品第三（真諦）	分別三身品第三
行	懺悔品第三	懺悔品第四	夢見金鼓懺悔品第四
		業障滅品第五（真諦）	滅業障品第五
		陀羅尼最淨地品第六（真諦）	最淨地陀羅尼品第六
	讚歎品第四	讚歎品第七	蓮華喻讚品第七
			金勝陀羅尼品第八
境	空品第五	空品第八	重顯空性品第九
		依空滿願品第九（真諦）	依空滿願品第十
	四天王品第六	四天王品第十	四天王觀察人天品第十一
			四天王護國品第十二
		銀主陀羅尼品第十一（闍那崛多）	無染著陀羅尼品第十三
			如意寶珠品第十四
	大辯天神品第七	大辯天品第十二（耶舍增補）	大辯才天女品第十五

流通分		
功德天品第八	功德天品第十三	大吉祥天女品第十六 大吉祥天女增長財物品第十七
堅牢地神品第九	堅牢地神品第十四	堅牢地神品第十八
散脂鬼神品第十	散脂鬼神品第十五	僧慎爾耶藥叉大將品第十九
正論品第十一	正論品第十六	王法正論品第二十
善集品第十二	善集品第十七	善生王品第二十一
鬼神品第十三	鬼神品第十八	諸天藥叉護持品第二十二
授記品第十四	授記品第十九	授記品第二十三
除病品第十五	除病品第二十	除病品第二十四
流水長者子品第十六	流水長者子品第二十一	流水長者子品第二十五
捨身品第十七	捨身品第二十二	捨身品第二十六
讚佛品第十八	讚佛品第二十三	十方菩薩讚歎品第二十七 妙幢菩薩讚歎品第二十八 菩提樹神讚歎品第二十九
		大辯才天女讚歎品第三十
囑累品第十九	付囑品第二十四（闍那崛多增補）	付囑品第三十一

異，只是淨本文相稍廣。而二者與讖本則有較多不同，主要有：㈠正宗分中讖本多為喻說，合本、淨本則增加了對佛之三身、涅槃以及十地等法義解釋（〈三身分別品〉、〈陀羅尼最淨地品〉）；㈡合本、淨本中增加了大量陀羅尼內容。綜合來看，讖本與合本、淨本的不同反映出《金光明經》梵文原本就存在一個增添發展的過程，此經梵文原本應該至少存在兩種流傳比較廣的本子。大概讖譯所依是最初的略本，而淨譯所依則是後來的廣本。藏文藏經中收有直接從梵本翻出的兩本：一是勝友等譯十卷本（二十八品），大同淨譯；二是失譯五卷本（二十品），大同讖譯。還收有法成依義淨譯本重翻的藏文本。近代在尼泊爾發現完整梵本，二十一品，大同讖本。這足以證明讖譯、淨譯各自所依的梵本在西土都曾流行。

《金光明經》在信奉大乘佛教的地區受到廣泛推崇，除了譯為漢文外，還被翻譯為藏、回鶻、西夏、于闐、維吾爾、蒙古、滿、越南等多種文字，足見影響力的深遠。

本經注疏主要有真諦作《金光明經疏》，今已不存。天臺宗智顗撰《金光明經玄義》二卷和《金光明經文句》六卷（均為門人灌頂錄），又著《金光明懺法》（見《國清百錄》卷一）。三論宗吉藏著《金光明經疏》一卷。其後華嚴宗慧沼又就義淨新譯著《金光明最勝王經疏》十卷。宋代天臺家更有發揮。如知禮作《金光明經玄義拾遺記》、《金光明經文句記》各六卷，又著《金光明最勝懺儀》一卷，遵式也著有《金光明懺法補助儀》一卷。此外，宋代宗曉著《金光明經照解》二卷，宋代從義著《金光明經玄義順正記》三卷、《金光明經文句新記》七卷，明代受汰集《金光明經科註》四卷，敦煌石室中也發現有《懺悔滅罪金光明經冥報傳》，記載持誦《金光明經》的感應事蹟。

《金光明經》在中土以讖譯四卷本和淨譯《金光明最勝王經》十卷本最為流行。就品目義理之完備而言，以淨本為勝；然就持誦流通之普遍來說，以讖譯居首。讖譯先有智者大師作《金光明經玄義》、《金光明經文句》，後之天臺宗學人接續作疏釋，故流傳甚廣；加之讖譯四卷本在誦讀上一來長度適中，二來屬於本經的特色內容比較突出，故歷來持誦之盛，流通之廣，無出讖譯。因此，這次翻譯採用的底本為曇無讖譯四卷本。

曇無讖（三八五—四三三），中印度人，初習小乘教法，兼究五明。後遇白頭禪師，得《大般涅槃經》，悔而改學大乘。年至二十誦大小乘經二百餘萬言，又擅咒術，西域稱為大咒師。後攜《大般涅槃經》前分並《菩薩地持經》（即唐玄奘譯《瑜伽師地論菩薩地》的異譯）、《菩薩戒本》等至罽賓，又到龜茲、敦煌。北涼玄始十年（四二一）至姑臧（今甘肅武威），受到北涼王沮渠蒙遜禮遇。學漢語三年後，以河西沙門慧嵩、道朗為助手，譯出《大般涅槃經》四十卷、《大方等大集經》二十九卷、《金光明經》四卷、《悲華經》十卷、《菩薩地持經》八卷、《菩薩戒本》一卷、《優婆塞戒經》七卷、《方等大雲經》六卷以及佛傳的重要作品《佛所行讚》五卷等共十九部一百三十一卷，凡六十多萬言。由於曇無讖譯出《大般涅槃經》，開中土涅槃學的先河，對中國佛教思想發展有很大影響。此外，他對菩薩戒的傳授，直至唐代還有重要影響。北魏太武帝拓跋燾聽說曇無讖有道術，遣使向蒙遜強索，蒙遜不得已而放行，然又派人刺殺曇無讖於途中，時年四十九歲。

二、經題「金光明」

經題「金光明」三字，真諦三藏首先解釋為表三種三法：即三身佛果、涅槃三德、三種佛性。「金」體真實，譬法身；「光」用能照，譬應身；「明」能遍益，譬化身，這是表三身佛果。又以「金」喻法身的常樂我淨四德，「光」喻般若德，「明」喻解脫德，這是表涅槃三德。又以「金」體本有，喻道前正因佛性；「光」用始有，喻道內了因佛性；「明」是無暗，喻道後至果的緣因佛性，這是表三種佛性。簡言之，真諦三藏以法身、涅槃的佛果作為本經的義理核心。但是天臺宗智者大師認為上述解釋還不夠圓滿，沒有達到天臺宗圓教的深度，故他在《金光明經玄義》中又提出「以法性為體」，並解釋說：「法性之法可尊可貴名法性為金，此法性寂而常照名為光，此法性大悲能多利益名為明。此即是金光明法門。」如同《華嚴經》說：「一切諸如來，同共一法身，一身一智慧，力無畏亦然。」一身即是同「金」，智慧即是同「光」，力無畏即是同「明」，於一法體三義具足。《金光明經》中說：「若入是經，即入法性，如深法性，安住其中，即於是典，金光明中，而得見我，釋迦牟尼。」「金」比喻諸佛法身、諸法法性，這是一切功德之所依，安住法性才是進入本經，真見釋迦牟尼佛；「光明」比喻法身所起的不可思議力用，具有無量威德，能夠摧伏一切煩惱怨敵，並由此得到諸天擁護。故智者大師以「法性」義作為本經的甚深義理所在，並以法性圓談無量義來解釋「金光明」三字。又具體舉出十種三法，即三德（法身、般若、解脫）、三寶（佛、法、僧）、三涅槃（性淨涅槃、圓淨涅槃、方便淨涅槃）、三身（法身、報身、應身）、三大乘（理乘、隨乘、得乘）、三菩提（真性菩提、實智菩提、方便菩提）、三般若（實相般若、觀照般若、方便般若）、三佛性（正因佛性、了因佛性、緣因佛性）、三識（庵摩羅識第九不動識、阿梨耶識第八無沒識、阿陀那識第七分別識）、三道（苦道、煩惱道、業道）等，來說明「金光明」三義。又分為「從無住本立一切法」和「從無明為本立一切法」對十種三法做逆順兩番生起的解釋。「從無住本立一切法」的順次序解釋為：「三德者名秘密藏，秘密藏顯由於三寶，三寶由三涅槃，三涅槃由三身，三身由三大乘，三大乘由三菩提，三菩提由三般若，三般若由三佛性，三佛性由三識，三識由三道。」這是從法性立一切法。「從無明為本立一切法」逆次序解釋為：「一切眾生無不具於十二因緣，三道迷惑、翻惑生解即成三識，從識立因即成三佛性，從因起智即成三般若，從智起行即成三菩提，從行進趣即成三大乘，乘辦智德即成三身，身辦斷德即成三涅槃，涅槃辦恩德利物即成三寶，究竟寂滅入於三德，即成秘密藏。」這樣，「金光明」的涵義就大大擴展了。所謂「法性無量甚深，理無不統。……當知〈金光明〉三字遍譬一切橫法門，乃稱法性無量之說；遍譬一切豎法門，乃稱法性甚深之旨。」智者大師以為上述「金光明」三義遍於十八品之中，可謂是把「金光明」的玄義發揮到了極致。

三、本經的結構和主要內容

四卷本《金光明經》的科判諸家不同：

三論宗吉藏大師《金光明經疏》採用真諦觀點，認為第一〈序品〉是序分，第二從〈壽量品〉訖

〈捨身品〉是正宗分，第三〈讚佛品〉、〈囑累品〉二品是流通分。

智者大師《金光明經文句》（以下簡稱《文句》）的科判為：從「如是我聞」至〈壽量品〉中訖天龍集信相菩薩室為序分，從「爾時四佛」下訖〈空品〉為正宗分，從〈四天王品〉下訖經末為流通分。

但智者大師的科判主要依據比較簡略的讖譯本，經初沒有會眾介紹，如果對照淨譯本來看，可以〈序品〉為序分，〈壽量品〉至〈空品〉四品為正宗分，〈四天王品〉下十四品為流通分。正宗分四品中，初一品〈壽量品〉明果，次二品〈懺悔品〉、〈讚歎品〉明行，後一品〈空品〉明境理。又依《文句》觀點，以法性為體，以菩薩深妙功德為宗，以照曜諸天、心生歡喜為用。

關於各品內容，見各品譯文前的提要，此不贅言。

四、《金光明經》的大乘思想

對於本經的大乘思想，提出以下幾條來介紹：

1. **《金光明經》的佛壽量思想**。本經重點宣說的大乘思想是關於佛壽和法身法性之體的討論，經言蘊含著諸佛的甚深微妙法義，這是本經要旨，也是歷代注家發揮本經玄義所在。這個問題在經中是由王舍城的信相菩薩對佛壽命僅八十的疑惑，引出四方四佛集會解說佛壽之無量。但這個問題在讖譯四卷本中以比喻的形式簡略論說，僅說了佛壽無量的結論，後世注家由此引發對於佛之法、報、化三身及涅槃問題的討論，往往需要結合合本、淨本中的〈壽量品〉、〈三身分別品〉來發揮玄義。又從經言佛壽八十來看，本經應是在距佛陀入涅槃比較近的時間講說的，與《法華經》、《涅槃經》的講說屬於同期，因此歷代注家對這個問題的解釋也往往與二經有相通之處。

2.《金光明經》的懺悔思想及金光明懺法

本經宣說的金光明懺悔法是大乘佛法中重要的懺悔思想，以比喻的形式講說法身之理及修法身之因，使得懺悔法成為修道門中的重要內容，對於天臺宗懺法的形成有著重要影響。所謂「懺悔」，《文句》解釋為去惡為善、改往修來等。金光明懺悔法以法性為本，善惡因果為行，具有了作法、取相、觀無生三類懺法。所謂作法懺，即通過一定的儀軌作法來懺悔；取相懺是通過懺悔後所見到的好相來決定罪業是否懺淨，如夢到佛菩薩摩頂等相；觀無生懺悔又名無罪相懺悔，指安住於甚深法性之中，觀罪性本空。如《觀普賢菩薩行法經》中云「端坐念實相，眾罪如霜露，慧日能消除」❶，這是最究竟的懺悔法。同時，金光明懺悔法又包含懺悔、讚歎勸請、隨喜、迴向、發願五門懺悔的內容，十分完整。在懺悔的內容中，依身口意十業而懺除業障、報障、煩惱障三障，遮斷過去、現在、未來所造之罪。如經中說「過去諸惡，今悉懺悔。現在所作，誠心發露。所未作者，更不敢作。已作之業，不敢覆藏」，對於要遮斷的罪業內容分析得很全面。智者大師據此作了《金光明懺法》，這是他所撰的四部懺法之一（其他三部是《法華三昧懺儀》、《方等三昧懺法》、《請觀世音懺法》），為天臺宗學人所修習，是修學天臺止觀的重要內容。據《續高僧傳》卷十七記載，智顗在晚年曾為楊廣的重病妃子蕭氏行過七日金光明懺法。到了宋代，天臺宗遵式著《金光明經懺法補助儀》一卷，補足了《金光明懺法》所省略的內容，知禮根據義淨譯本著《金光明最勝懺儀》一卷，完善了天臺宗的金光明懺法。遵式更製作《金光明天王護國道場儀》，以《金光明經》思想為國行懺。

3.《金光明經》的天王護國思想。雖然以前的大德在注疏本經的時候，多把解釋重點放在了正宗分的法身涅槃之體上，但本經能夠被廣泛持誦，作為大乘菩薩行的護國思想是更為重要的因素。《金光明經》能夠在所有大乘流行的地區都受到廣泛的崇拜信仰，得益於其「護國」主題。《金光明經》中說凡流傳宣講本經的國土都將得到諸天擁護，可使國家饑饉、疾疫、戰亂等一切不吉祥事消除，國土豐饒安穩，人民幸福安樂，因而歷代以來本經被視為護國利民、滅罪積福的護國之經。在鎮護國家的三經中（《法華經》、《仁王經》、《金光明經》），《金光明經》是最主要的。而《金光明經》成為護國經典的依據，是經中〈四天王品〉、〈大辯天神品〉、〈功德天品〉、〈堅牢地神品〉、〈散脂鬼神品〉等五品所宣說的受持讀誦宣講《金光明經》能夠得到四大天王及諸天鬼神大將的衛護，滅除一切災難和憂患，帶來國安民樂。這反映了大乘佛教發展中菩薩思想的擴展，把許多天龍鬼神王等也都視為是不同修證層次的菩薩化身，是法身大士的權現護教，所謂外現諸天鬼王身，內密大乘菩薩行，這種菩薩思想成為後來大乘中的流行觀點。這種寬泛而圓融的菩薩觀化解了佛教精緻的禪觀哲學與現實宗教世界中種種神靈體系之間的矛盾，把佛教以外其他宗教的各種神靈都作為佛教的護法納入到佛教的體系中來。今天佛教寺院大殿中所塑的十六天、二十天或二十四天像等，其來源依據即是《金光明經》中所列的大梵天、帝釋天、護世四天王、大辯天、功德天、散脂大將、堅牢地神、菩提樹神、鬼子母、摩醯首羅天、金剛密迹、韋陀天、娑竭羅龍王、緊那羅王、日天、月天、閻摩羅王等，又增加了他經所載的摩利支天以及中國本土道教的紫微大帝、東嶽大帝、雷神等。宋代以來寺院通行的《齋天儀軌》、《水陸儀軌》中的諸天供設也主要依據《金光明經》，而《金光明懺法》的內容也逐漸為齋天儀式所取代。

4.《金光明經》的菩薩行思想。本經所述的大乘菩薩行思想中，對於國家社會治理及人民安樂有著深切的現實關懷，因此，可以視此經為佛教中的「內聖外王」之道。其菩薩行的立足點是因地的凡夫菩薩願行，具有一種重視當下現實行動的意味。本經反映菩薩行最為突出的是〈除病品〉、〈流水長者子品〉和〈捨身品〉三個釋迦牟尼佛的本生故事。故事內容敘述得生動曲折，極富文學感染力，而所闡釋的主旨則是大乘菩薩行中濟度眾生苦難的實際行動。在〈除病品〉中講述了流水長者子學習醫法、救治眾生疾苦的實際行動；在〈流水長者子品〉中則細緻描述了流水長者子救度十千魚的實際行動，在這個過程中絲毫沒有大乘經論中經常出現的不可思議神蹟內容，而就是通過流水長者子父子三人以凡夫力量得以達成，這顯示本經所宣說的大乘菩薩行立足於發心濟度眾生的真切行願，特別重視以現實行動解除眾生當下的苦難、獲得當下的安樂，具有法藥與世藥並施的大乘思想。〈捨身品〉則講述了薩埵王子捨身飼虎的故事，突出表達了大乘菩薩行捨己為人的獻身精神，也體現了大乘菩薩行中為求一切種智、以大悲心救度眾生而捐捨身命、為法忘軀的勇猛精神。這一段故事在大乘佛教中極為著名，與〈法華經藥王菩薩本事品〉中藥王菩薩燃身供佛，和《大涅槃經》卷十四中雪山童子為求半偈而捨身給羅剎的故事齊名。本經所講述的釋迦牟尼本生故事，無論是流水長者子的治病救生行願，還是薩埵王子捨身飼虎的感人故事，都深切反映出大乘菩薩行捨己為人、與人安樂的真實情懷，拉近了佛教與世界上每一個芸芸眾生的距離。本生故事的文字是每個人都可以讀得懂的，所流露出的關愛生命的情懷也是每個人都可以體會到的，這正反映出宗教精神的內涵其實正是每一個個體生命深處所蘊含的至真至善情懷。由於〈流水長者子品〉救度水池中十千魚的故事，導致了漢傳佛教中放生池的興起，同時，現在通行的《放生儀軌》也是依據本經〈流水長者子品〉之意而編撰。

此外，還要特別提出的是本經的速疾成佛思想以及佛壽量、授記等思想，與同樣被稱為「諸經之王」的《法華經》中相關品目頗多相近之處。又本經與新近從敦煌文獻和房山石經中發現還原的《大通方廣懺悔滅罪莊嚴成佛經》（又稱「聖大解脫經」）更為密切相關，兩經堪稱是「姊妹經」。《聖大解脫經》也是在佛入涅槃之前宣說的，主題也是「懺悔滅罪」，其懺悔思想重點在修行者個人懺悔業障，在於速疾成佛，而《金光明經》的懺悔思想重點則在為國行懺。又《聖大解脫經》中的主要提問者也是信相菩薩，也講到了流水長者子救十千魚的故事，數段經文與《金光明經》相同；經中的三寶常住思想、菩薩行思想、授記思想，也與《金光明經》相近。因此，《金光明經》與《聖大解脫經》、《法華經》三經思想相關，值得對比研究。

五、關於白話譯注

本白話譯注採用的經文底本是《大正藏》本，又參考了《中華大藏經》本（中華書局版第六十七冊，底本為明永樂南藏本）、《金版高麗大藏經》中的《合部金光明經》（宗教文化出版社、全國圖書館文獻微縮複製中心版第十八冊）。校勘一個文本大為不易，標點也大為不易，非親身經歷者難以體會其中三昧。標點的主要依據是《金光明經文句》科判，也參考了慧沼《金光明最勝王經疏》科判及金陵刻經處點校的《藏要》❷合部本。

本白話譯文的翻譯原則是盡可能忠實表達原文，極少數句子參考義淨譯文而增補了一些修飾句。

把文言佛經轉譯為現代漢語白話文，筆者以為有兩種思路：一是把白話本看作是對原文的解釋性翻譯，盡可能在文義上使原文清楚明白；二是把白話本也看作一種獨立的譯本，只是為了隨順讀者的閱讀習慣而把文言轉為白話，並不刻意追求把原文文義說得更清楚一些，故在文句、文義、文氣上都盡可能與原文一致，保持一個簡潔優美的文本。兩種翻譯形式各有千秋，但從可操作性角度說，筆者頗為傾向於後一種。佛經之難讀，難處未必是在文字上，所謂「言語道斷，心行處滅」，離言妙諦自有他超越言語的難會之處。因此，此次正文翻譯的重點不是給經文做解釋，而是把文言的語言習慣轉換為白話的語言習慣，為讀者提供一個能夠讀懂字面意思的白話版本，而經義解釋則重點放在注釋和題解中。

對於偈頌，原文皆為四言，此次白話翻譯或譯為七言，或譯為五言。之所以沒有譯為白話詩歌體，主要考慮在偈頌表達上，漢語的五言、七言詩歌體具有規整成熟的優點，而白話詩歌體在表達上不如五言、七言成熟，難度反而比五言、七言更大。偈頌翻譯也對照了科判，因此大多數偈頌的譯後數目與原偈頌數目一致，也基本上與《文句》科判相符合，不一致的地方都在注釋中給予了說明。

又字詞注釋主要參考了電子版《中華佛教百科全書》、《佛光大辭典》、《佛學大辭典》等，注音主要參考了《漢語大詞典》、《辭海》、《一切經音義》等，有關參考文獻見書末，在此一併致謝。

【注釋】

❶《金光明經文句》卷三，〈釋懺悔品〉，《大正藏》第三十九冊，頁五十九。

❷自民國十八年（一九二九），南京支那內學院所陸續印行之大藏要籍之選輯，稱為藏要。

目次

卷一

序品第一

佛經解釋通常分成三個部分：序分、正宗分、流通分，稱為「三分科經」。初段敘一經之由來、教起因緣，稱為序分；次段論一經之宗旨，稱正宗分；末段說受持本經的利益，復勸廣為流傳，稱流通分。此處序品即屬於序分，是一經的序說。其中，「如是我聞」稱為證信序，「一時」以下是發起序。讖譯四卷本會眾介紹極略，只在〈壽量品〉中略為敘說，淨譯本序品中則全面敘述了聽聞佛陀宣說本經的會眾。本經序品開宗明義，標舉《金光明經》為諸經之王，並在偈頌中提敘一經大意：首先提出本經蘊含諸佛甚深微妙義（如前述「金光明」三字玄義，以及〈壽量〉、〈懺悔〉、〈讚歎〉、〈空品〉所討論的佛壽量及法身法性問題），為四方四佛所護持；接著標出本經正宗分的重點，金光明懺悔法的功德，以上對應〈壽量品〉至〈空品〉等四品；其次敘說聽聞讀誦本經將得到護世四天王及諸天神的護衛，使得人民、國土的一切諸苦滅除，得到無量安樂，即明確了本經的護世功德，對應

〈四天王品〉至〈散脂鬼神品〉等五品；最後復勸聽聞、供養本經之功德利益，以及深樂此經的善業果報，對應〈正論品〉至〈讚佛品〉等八品。

如是我聞❶，一時佛住王舍大城耆闍崛山❷。是時如來遊於無量甚深法性❸，諸佛行處❹，過諸菩薩所行清淨。

是金光明，諸經之王，若有聞者，則能思惟，
無上微妙，甚深之義。
如是經典，常為四方，四佛世尊❺，之所護持：
東方阿閦，南方寶相，西無量壽，北微妙聲。
我今當說，懺悔等法❻，所生功德，為無有上，
能壞諸苦，盡不善業，一切種智❼，而為根本，
無量功德，之所莊嚴，滅除諸苦，與無量樂。
諸根不具❽，壽命損減，貧窮困苦，諸天捨離，
親厚鬪訟，王法所加，各各忿諍，財物損耗，
愁憂恐怖，惡星災異❾，衆邪蠱道❿，變怪相續⓫，

臥見惡夢，晝則愁惱。
當淨洗浴，聽是經典，至心清淨，著淨潔衣，
專聽諸佛，甚深行處；是經威德，能悉消除，
如是諸惡，令其寂滅。
護世四王[12]，將諸官屬，并及無量，夜叉之眾[13]，
悉來擁護，持是經者；大辯天神，尼連河神[14]，
鬼子母神，地神堅牢，大梵尊天，三十三天，
大神龍王，緊那羅王，迦樓羅王，阿修羅王，
與其眷屬，悉共至彼，擁護是人，晝夜不離。
我今所說，諸佛世尊，甚深祕密，微妙行處，
億百千劫[15]，甚難得值。
若得聞經，若為他說，
若心隨喜[16]，若設供養[17]，如是之人，於無量劫，
常為諸天，八部所敬[18]。
如是修行，生功德者[19]，得不思議，無量福聚，
亦為十方，諸佛世尊，深行菩薩，之所護持。

著淨衣服，以上妙香，慈心供養，常不遠離；
身意清淨，無諸垢穢，歡喜悅豫，深樂是典。
若得聽聞，當知善得，人身人道，及以正命[20]；
若聞懺悔，執持在心，是上善根，諸佛所讚。

【譯文】

如是教言我親從佛聽聞。一時，佛在王舍大城附近的靈鷲山。那時釋迦如來安住出入於無量甚深清淨法界，這是只有佛才能安住的境界，其清淨境界超過一切菩薩所安住的。

此《金光明》諸經王，若有聽聞可思維，
無上微妙甚深義。
如來宣說此經典，四方四佛常護持：
東方阿閦佛，南方寶相佛，
西方無量壽佛，北方微妙聲佛。
我今當說懺悔法，所生功德無有上，
能滅諸苦除不善，一切種智為根本，
無量功德所莊嚴，滅除諸苦與安樂。

諸根不具苦眾生，壽命也將遭損減，
貧窮困苦惡相現，所有天神悉捨離，
親友鬥訟犯王法，各各乖違共忿諍，
珍寶財物皆耗失。
惡星災異及變怪，或被邪蠱相續侵，
憂愁恐怖眾苦逼，夜眠噩夢晝煩惱。
當淨洗浴著淨衣，至心清淨聽此經，
聞聽諸佛甚深行；由此妙經王威力，
災橫惡惱悉滅除。
護世四王諸眷屬，並及無量夜叉眾，
悉來擁護持經者。
大辯天神尼連神，鬼子母神及地神，
大梵天王帝釋主，大神龍王緊那羅，
以及金翅鳥王眾，還有阿修羅天眾；
如是眾多天神等，並率部眾諸眷屬，
擁護是人不相離。

我今所說佛世尊，甚深秘密微妙行，
百千億劫難值遇。
若得聽聞是妙經，隨喜供養為他說，
如是持經諸人等，常為諸天所敬護。
如是修行生功德，得不思議無量福，
亦為十方諸佛尊，深行菩薩所護持。
著淨衣服燃妙香，慈心供養不遠離；
身意清淨無垢穢，歡喜悅豫樂此經。
若得聽聞將善得，人身人道及正命；
聞懺悔法持在心，是上善根諸佛讚。

【注釋】

❶如是我聞：意為如此的教法是我阿難親自從佛陀那裡聽聞的，這是為了使聽法的人生起信順。據佛教經論上記載，釋迦牟尼佛將要入滅的時候，阿難請問四事：「一佛滅度後，諸比丘云何行道？二諸比丘以何為師？三惡性比丘云何共居？四一切經首置何字？」佛回答說：「一依四念處住。二以戒為師。三默擯惡性比丘。四一切經首置『如是我聞』等言。」

❷一時：指佛說法的那時，非確指。王舍大城：古代中印度摩揭陀國之都城。位於恆河中游巴特那市（Patna）南側比哈爾邦（Behar）地方之拉查基爾（Rajgir）。為頻婆娑羅王、阿闍世王、韋提希夫人等在位時的都城。此城為佛陀傳教中心地之一，城內有許多初期佛教的遺跡，如靈鷲山、竹林精舍及祇園精舍等。耆闍崛山：又譯「闍崛」，意譯為「靈鷲山」、「鷲峰山」，簡稱「靈山」、「靈嶽」、「鷲峰」等。因山上岩形似鷲頭，又以山中多鷲，故得名。位於中印度摩揭陀國王舍城東北。釋迦牟尼佛曾於此講《般若經》、《法華經》、《金光明經》、《無量壽經》等諸多大乘經，遂成為佛教勝地。

❸如來：梵語tathāgata，音譯作「多陀阿伽陀」、「多他阿伽度」、「多陀阿伽度」等。又作「如去」。為佛十號之一。即佛之尊稱。由真理而來（如實而來），而成正覺之義，故稱「如來」。佛陀即乘真理而來，由真如而現身，故尊稱佛陀為「如來」。《長阿含經》卷十二《清淨經》：「佛於初夜成最正覺及末後夜，於其中間有所言說盡皆如實，故名如來。復次，如來所說如事，事如所說，故名如來。」遊於無量甚深法性：遊，意為遊涉進入。法性指諸法之真實體性，甚深法界，非入住出，無所從來，亦無所去；如同《法華經》說「善入出住百千三昧」。根據經末〈囑累品〉中說「爾時釋迦牟尼佛從三昧起」來看，這裡應是指佛陀入定進入甚深三昧之意。

❹諸佛行處：指佛的智慧光明境界。

❺四方四佛：即指位於四方不同世界的四佛。即東方香積世界阿閦佛，南方歡喜世界寶相佛，西方

極樂世界無量壽佛，北方蓮花莊嚴世界微妙聲佛。又阿閦佛：意為「無動」或「不動佛」。《維摩經．阿閦佛品》中說「國名妙喜，佛號無動」。

❻懺悔等法：《金光明經》正宗分中行分所敘說的主要法門是懺悔法，即〈懺悔品〉中夢見金鼓演說懺悔法，這是成就法身之因行。

❼一切種智：即佛智，佛盡知諸法總相、別相，所以稱為「一切種智」。

❽諸根：指眼、耳、鼻、舌、身等五根。諸根不具是指五根有所缺陷，如盲聾瘖啞、攣躄背僂等。按，從「諸根不具」以下到「晝則愁惱」，譯文為文義順暢起見，比原文偈頌數目增加了兩個。

❾惡星：古代天人感應觀念，以為天空忽然出現的變異星象會預示人間不吉祥事的出現，故稱為「惡星」。

❿蠱道：一種以蠱蟲咒術害人的迷信法術。

⓫變怪：指各種奇奇怪怪的事情。

⓬護世四王：關於護世四天王及諸天鬼神的解釋，見後面〈四天王品〉以下諸品。

⓭夜叉：梵語yaksa，又譯作「藥叉」，八部眾之一。通常與「羅刹」並稱。意譯「輕捷」、「勇健」、「能啖」、「貴人」、「威德」、「祠祭鬼」、「捷疾鬼」。指住於地上、空中，或以威勢惱害人，或守護正法的鬼類；或謂為半人半神的群類。《大智度論》卷十二舉出三種種類的夜叉，即地行夜叉、虛空夜叉、宮殿飛行夜叉。經典中常述及身為正法守護神的夜叉。如《藥師琉

璃光如來本願經》中有十二藥叉大將等。

⑭尼連河神：即尼連河的河神。尼連河，又譯作「尼連禪河」、「尼連禪那河」，為恆河之支流，位於中印度摩揭陀國伽耶城之東方，由南向北流。釋迦牟尼出家後，於尼連河畔靜坐思維，修苦行六年。後捨苦行而入此河沐浴，並接受牧牛女難陀波羅的乳糜供養，至此河對岸的畢波羅樹（即菩提樹）下發願而成道，故此河沿岸頗多佛陀成道的古蹟。

⑮劫：梵語kalpa，音譯「劫波」等，簡稱劫。意譯「分別時分」、「長時」、「大時」、「時」。原為古印度婆羅門教極大時限之時間單位。佛教沿用，而視為不可計算之長大年月，故經論中多以譬喻說明。

⑯隨喜：隨順歡喜之意，即見他人所做善根功德，隨之心生歡喜。佛教理論認為，若有真誠善巧的發心，則隨喜者的功德勝於行善者本人。

⑰供養：意指供食物、衣服等予佛法僧三寶、師長、父母、亡者等。初期教團所受供養以衣服、飲食、臥具、湯藥等為主，稱為「四事供養」。除財供養外，尚有法供養，如以恭敬、讚歎、禮拜以及觀行、說法等亦稱「供養」。

⑱八部：天龍等八部眾。據《舍利弗問經》說有：㈠天眾，指梵天、帝釋天、四天王等天神。果報殊勝，光明清淨。㈡龍眾，指八大龍王等水族之主。㈢夜叉眾，又名「藥叉」，指能飛騰空中的鬼神。㈣乾闥婆眾，係帝釋天的音樂神，以香為食。㈤阿修羅眾，意譯作「非天」、「無端

正」、「無酒」。此神性好鬥，常與帝釋戰。㈥迦樓羅眾，又名「揭路荼」，即金翅鳥，身形巨大，其兩翅相去數千甚至數萬里，取龍為食。㈦緊那羅眾，又名「緊捺洛」，似人而有角，故又名「人非人」，乃是天伎神、歌神。㈧摩睺羅伽眾，又名「莫呼落伽」，即大蟒神。此八部眾受佛威德所化，而護持佛法。八部眾中，以天、龍二眾為上首，故標舉其名，統稱天龍八部。

⑲ 功德：指行善之功所獲的福報善果。慧遠《維摩義記》卷一中說：「功德者，亦名福德，福謂福利，善能資潤福利行人，故名為福。……功謂功能，善有資潤利益之功，故名為功。」功德有「有漏」、「無漏」之分。佛教所謂真功德，指淨智妙圓的佛智證悟。

⑳ 正命：佛學中「八正道」之一，指遠離非法而依正當的生活規範之生活。這裡指符合道德真理追求的有價值的生活方式。

壽量品第二

此品是明果，明本經以常果為宗。由王舍城的信相菩薩對佛壽命僅八十的疑惑，引出四方四佛集會解說佛的壽命是無量無邊，不可計算。論說佛之壽量以及法身法性之體，這是本經要旨，是本經所論諸佛甚深微妙義所在，也是歷代注家發揮本經玄義所在。但這個問題在讖譯四卷本中以比喻的形式簡略論說，文字簡短，與《法華經．壽量品》所說相通。由此引發的對於佛之法報化三身及涅槃問題的討論，在合本、淨本中則有〈壽量品〉、〈三身分別品〉兩品詳為論說。又從本品言佛壽八十可以推知，本經當在距佛陀入涅槃比較近的時間講說，與《法華經》、《涅槃經》的講說應屬同期，也因此之故，本經的玄義解釋往往與二經有相通之處。

爾時王舍城中有菩薩摩訶薩名曰信相❶，已曾供養過去無量億那由他百千諸佛❷，種諸善根❸。是信相菩薩作是思惟：何因何緣，釋迦如來壽命短促，方八十年。復更念言：如佛所說，有二因緣壽命得長。何等為二？一者不殺，二者施食。而我世尊於無量百千億那由他阿僧祇劫❹，修不殺戒，具足十善❺，飲食惠施，不可限量，乃至己身骨髓肉血，充足飽滿飢餓眾生，況餘飲食。大士如是至心念佛、思是義時❻，其室自然廣博嚴事。天紺琉璃❼，種種眾寶，雜廁間錯，以成其地，猶如如來，所居淨土。有妙香氣，過諸天香，煙雲垂布，遍滿其室。其室四面，各有四寶上妙高座，自然而出，純以天衣而為敷具❽。是妙座上，各有諸佛，所受用華，眾寶合成。於蓮華上，有四如來：東方名阿閦，南方名寶相，西方名無量壽，北方名微妙聲。是四如來自然而坐師子座上，放大光明照王舍城，及此三千大千世界❾，乃至十方恆河沙等諸佛世界❿，雨諸天華，作天妓樂。爾時三千大千世界所有眾生，以佛神力，受天快樂，諸根不具即得具足⓫。舉要言之，一切世間所有利益、未曾有事，悉具出現。爾時信相菩薩見是諸佛及希有事，歡喜踊躍，恭敬合掌，向諸世尊，至心念佛，作是思惟：釋迦如來無量功德，唯壽命中心生疑惑，云何如來壽命如是方八十年？爾時四佛以正遍知告信相菩薩⓬：「善男子，汝今不應思量如來壽命短促。何以故？善男子，我等不見諸天、世人、魔眾、梵眾、沙門、婆羅門、人及非人有能思算如來壽量⓭，知其齊限，唯除如來。」時四如來將欲宣暢釋迦文佛所得壽命，欲、色界天諸龍、鬼神、乾闥婆、阿修羅、迦樓羅、緊那羅、摩睺羅伽及無量百千億那由他菩薩摩訶薩⓮，以佛神力，悉來聚集信相菩薩摩訶薩室。爾時四佛於大眾中，略以偈喻說釋迦如來所得壽量，而作頌曰：

一切諸水，可知幾滴，無有能數，釋尊壽命。
諸須彌山⓯，可知斤兩，無有能量，釋尊壽命。
一切大地，可知塵數，無有能算，釋尊壽命。
虛空分界，尚可盡邊，無有能計，釋尊壽命。
不可計劫，億百千萬，佛壽如是，無量無邊，
以是因緣，故說二緣，不害物命，施食無量，
是故大士，壽不可計，無量無邊，亦無齊限。
是故汝今，不應於佛，無量壽命，而生疑惑。

爾時信相菩薩摩訶薩聞是四佛宣說如來壽命無量，深心信解，歡喜踊躍。說是如來壽量品時，無量無邊阿僧祇眾生發阿耨多羅三藐三菩提心⓰。時四如來忽然不現。

【譯文】

那時，王舍城中有一位菩薩摩訶薩名叫信相，已曾供養了過去無量億那由他百千數量的佛，種下了種種善根。信相菩薩這時思量：是什麼因緣，釋迦如來壽命短促，才八十年。又思維：如同佛所

說的，有兩種因緣能得壽命長久。哪兩種呢？一者不殺生，二者布施飲食。而我們的世尊，在無量百千億那由他阿僧祇劫中受持不殺戒，具足了十善；惠施飲食也不可限量，乃至以自己的身體、骨髓、血肉來布施那些飢餓的眾生，讓他們充足飽滿，何況以其他的妙好飲食來布施。信相大士這樣至心憶念佛、思維此義的時候，他的宮室忽然變得廣博嚴麗，有帝青琉璃寶及各式各樣的珍寶，雜色間錯，裝飾其地。有妙香氣，芬馥充滿，超過天香。煙雲彌漫，布滿其室。其室四面，各有四寶所成的上妙高座自然出現，純以天衣敷設在上面。妙高座上坐著諸佛，所坐的妙蓮花由種種珍寶合成。蓮花上有四位如來：東方阿閦如來、南方寶相如來、西方無量壽如來、北方微妙聲如來。這四如來自然出現，坐在獅子座上，放大光明照耀王舍城，以及三千大千世界，乃至十方恆河沙數量的諸佛世界。天花繽紛飄下，天樂歌舞響起。那時三千大千世界的所有眾生，因為佛神力的緣故，都得到了如天人般的勝妙快樂。六根不具足的當時就得到具足，瞎子重見了光明，聾子聽到了聲音，啞巴開口說話了，愚昧的人具有了智慧，亂心癲狂的人恢復了神志等等。舉要來說，一切世間的所有利益、未曾有過的奇妙事，都出現了。那時，信相菩薩見到四位如來及稀有奇妙事，歡喜踴躍，向四位如來恭敬合掌，至心憶念；同時思維，釋迦牟尼如來具有無量功德，然佛之壽命令人心中疑惑，為何釋迦如來以無量功德，壽命才八十年？這時四位如來以佛的正遍知告訴信相菩薩說：「善男子，你不應該思維釋迦如來的壽命短促。為什麼呢？善男子，我等從未見過一切天眾、人眾、魔眾、梵眾、沙門眾、婆羅門眾以及人與非人等眾生，有能算知釋迦如來壽命數量，知道他壽命極限的，除非是已得無上正遍知的如來。」這時，四如來將要暢說釋迦牟尼佛所得的壽命，欲界天、色界天的眾生，種種龍眾、鬼神眾、乾闥婆眾、阿修羅眾、迦樓羅眾、緊那羅眾、摩睺羅伽眾，以及無量百千億那由他的大菩薩，在佛的神力加持下都來聚集於信相菩薩的宮室中。這時，四如來在大眾中宣說偈頌，以種種比喻解說釋迦牟尼佛所得的壽命數量。作偈頌說：

一切諸海水，可知其水滴，
無有能數知，釋尊之壽命。
所有須彌山，可知其斤兩，
無有能稱量，釋尊之壽命。
一切大地土，可知其塵數，
無有能算知，釋尊之壽命。
虛空劃分界，尚可盡其邊，
無有能計度，釋尊之壽命。
不可計算劫，百千到萬億，
佛壽亦如是，無量亦無邊，
如此之因緣，故說二種緣：
不殺害物命，施食復無量，

是故釋迦尊，壽命不可計，
無量而無邊，亦復無齊限。
信相你當知，不應於世尊，
無量之壽命，而生疑惑念！

那時，信相菩薩聽了四位如來宣說釋迦牟尼佛的壽命無量之後，深心信解，歡喜踴躍。在說此〈如來壽量品〉的時候，無量無邊阿僧祇的眾生，發起了阿耨多羅三藐三菩提心。這時，四如來倏忽不見了。

【注釋】

❶ 菩薩摩訶薩：菩薩，梵文音譯「菩提薩埵」的略稱，新譯為「覺有情」。菩提，覺、智、道之意；薩埵，眾生、有情之義，意即求大覺的有情眾生。摩訶薩，梵文音譯「摩訶薩埵」的略稱。摩訶，意譯作大；薩埵同上。摩訶薩埵即大有情、大眾生。謂此大眾生係願大、行大、度眾生大，於世間諸眾生中為最上，不退其大心，故稱摩訶薩埵。一般以菩薩摩訶薩指稱登地菩薩，也稱為大士。

❷ 那由他：梵文Nayuta，又作「那庾多」等，印度的數目名，相當於此方的億，但諸師所定數目多有不同，有十萬、百萬、千萬等。

❸善根：指能夠出生善法的種子、根苗、根本。

❹阿僧祇劫：阿僧祇，梵語asavkhya的音譯，為印度數目之一，無量數或極大數之意。

❺十善：又稱「十善業」。身口意三業中所行的十種善行為：三種身善業（不殺生、不偷盜、不邪淫）、四種語善業（不妄語、不惡口、不兩舌、不綺語）及三種意善業（不貪欲、不瞋恚、不邪見）。

❻大士：菩薩可以通稱大士，然特別指稱登地以上的菩薩摩訶薩。

❼紺琉璃：紺，天青色，深青透紅之色。琉璃，七寶之一，青色的石類寶。

❽天衣：天人之衣，重量甚輕。

❾三千大千世界：古印度以四大洲及日月諸天為一「小世界」，合一千小世界為「小千世界」；合一千小千世界為「中千世界」；合一千中千世界為「大千世界」。小千、中千、大千並提，則稱「三千大千世界」。

❿十方：四方、四維、上下的總稱。即東、西、南、北、東南、西南、東北、西北、上、下等十個方位。大乘佛教主張十方有無數世界及淨土，稱為十方世界、十方剎等。其中的諸佛眾生則稱為十方諸佛、十方眾生。恆河沙：恆河，印度三大河流之一。恆河沙即恆河中的沙粒，其量無法計算。諸經中凡形容無法計算之數，多以「恆河沙」一詞為喻。

⓫諸根不具即得具足：此處譯文根據義淨譯本增添譯出了六根不具之人恢復正常的具體情況。「瞎

子重見了光明……亂心癲狂的人恢復了神志等等」一句，即據義淨譯本添入。

⑫正遍知：梵語samyak-sajbuddna，音譯作三藐三佛陀。又譯為「正遍覺知」、「正等正覺」，為佛十號之一。謂佛能真正無倒遍知諸法。《瑜伽師地論》謂「如其勝義覺諸法故，名正等覺」，則是顯諸佛智德圓滿以立號。

⑬梵眾：指一類非沙門、非婆羅門的古印度修行眾。沙門：梵語sramana，音譯「室羅末拏」、「舍囉摩拏」等。又作「沙門那」、「娑門」、「桑門」等。意譯「息」、「息心」、「靜志」、「淨志」、「乏道」、「勤勞」、「貧道」等。為出家者之總稱，通於內、外二道。亦即指剃除鬚髮，止息諸惡，善調身心，勤行諸善，期以行趣涅槃之出家修道者。婆羅門：印度四種姓中，最上位的僧侶、學者階級，為古印度一切知識之壟斷者，自認為印度社會之最勝種姓。

⑭諸龍、鬼神、乾闥婆、阿修羅、迦樓羅、緊那羅、摩睺羅伽：參考頁11注⑱。

⑮須彌山：梵語Sumeru的音譯，又作「蘇迷盧山」、「須彌盧山」、「須彌留山」，意譯作「妙高山」。佛教之宇宙觀，謂聳立於一小世界中央之高山。以此山為中心，周圍有八山、八海環繞，四面是四大部洲，日月旋繞於須彌山的山腰，而形成一世界（須彌世界）。以須彌山為山中最高者，故又稱「妙高山王」。

⑯阿耨多羅三藐三菩提：梵語anuttara-samyak-sajbodhi之音譯，意譯「無上正等正覺」、「無上正遍知」。「阿耨多羅」意譯為「無上」，以所悟之道為至高，故稱無上；「三藐三菩提」意譯為

「正等正覺」、「正遍知」，指佛陀所覺悟之智慧，其道周遍，無所不包，平等圓滿，故稱「正遍知」。

懺悔品第三

〈壽量品〉明法身常住，即是明果；〈懺悔品〉則明修道，即是因行。故〈懺悔品〉及下一品〈讚歎品〉明行，是本經正宗分中的重點。信相菩薩夜夢一婆羅門以枹擊大金鼓，出微妙聲，此金鼓妙音具有不可思議的功德力，能滅種種惡業，生起種種善法，並說金鼓懺悔法。依《金光明經文句》解釋，「金鼓光明」喻法身法性，般若妙智；「婆羅門」喻淨行；「以枹擊鼓」喻觀智之機，扣擊法身之境；「出微妙聲」喻法界大用，起教利益眾生。這是以比喻的形式論說法身之理及修法身之因，而所宣說的懺悔法則是大乘中的重要懺悔思想。本品金鼓所說懺悔法以法性為本，善惡因果為行，具有了作法、取相、觀無生三類懺法，包含了懺悔、讚歎勸請、隨喜、迴向、發願五門懺悔的內容，十分完整。在懺悔的內容中，懺除業障、報障、煩惱障三障，遮斷過去、現在、未來所造之罪，對於要遮斷的罪業內容分析得很全面。由此滅十惡，生十善，轉證三身佛果。本品的別譯「五悔法門經」是西土行人晝夜六時行道的通軌❶。天臺宗智者大師依本經作《金光明懺法》行儀，為天臺宗四種懺法之一。在合本、淨本中，此後又有〈最淨地陀羅尼品〉，說十地行。

爾時信相菩薩即於其夜夢見金鼓，其狀姝大❷，其明普照，喻如日光。復於光中得見十方無量無邊諸佛世尊，眾寶樹下坐琉璃座，與無量百千眷屬圍繞而為說法。見有一人，似婆羅門，以桴擊鼓❸，出大音聲，其聲演說，懺悔偈頌。時信相菩薩從夢寤已❹，至心憶念夢中所聞懺悔偈頌，過夜至旦，出王舍城。爾時，亦有無量無邊百千眾生與菩薩俱往耆闍崛山，至於佛所。至佛所已，頂禮佛足，右繞三匝❺，卻坐一面，敬心合掌，瞻仰尊顏，目不暫捨，以其夢中所見金鼓及懺悔偈，向如來說：

昨夜所夢，至心憶持。
夢見金鼓，妙色晃耀，其光大盛，明踰於日，
遍照十方，恆沙世界。
又因此光，得見諸佛，眾寶樹下，坐琉璃座，
無量大眾，圍繞說法。
見婆羅門，擊是金鼓，其鼓音中，說如是偈：

是大金鼓，所出妙音，悉能滅除，三世諸苦❻，
地獄餓鬼、畜生等苦，貧窮困厄、及諸有苦❼。
是鼓所出，微妙之音，能除眾生，諸惱所逼。
斷眾怖畏，令得無懼，猶如諸佛，得無所畏；
諸佛聖人，所成功德，離於生死，到大智岸❽；
如是眾生，所得功德，定及助道❾，猶如大海。
是鼓所出，如是妙音，令眾生得，梵音深遠❿，
證佛無上，菩提勝果⓫；轉無上輪⓬，微妙清淨，
住壽無量，不思議劫；演說正法，利益眾生，
能害煩惱，消除諸苦，貪瞋癡等，悉令寂滅。
若有眾生，處在地獄，大火熾然，燒炙其身，
若聞金鼓，微妙音聲，所出言教，即尋禮佛；
亦令眾生，得知宿命⓭，百生千生，千萬億生；
令心正念，諸佛世尊，亦聞無上，微妙之言。
是金鼓中，所出妙音，復令眾生，值遇諸佛，
遠離一切，諸惡業等，善修無量，白淨之業⓮。

諸天世人，及餘眾生，隨其所思，諸所願求，
如是金鼓，所出之音，皆悉能令，成就具足。
若有眾生，墮大地獄[15]，猛火炎熾，焚燒其身，
無有救護，流轉諸難，當令是等，悉滅諸苦；
若有眾生，諸苦所切，三惡道報[16]，及以人中，
如是金鼓，所出之音，悉能滅除。
一切諸苦，無依無歸，無有救護，
我為是等，作歸依處。
是諸世尊，今當證知，久已於我，生大悲心。
在在處處，十方諸佛，現在世雄，兩足之尊[17]，
我本所作，惡不善業，今者懺悔，諸十力前[18]。
不識諸佛，及父母恩，不解善法，造作眾惡；
自恃種姓[19]，及諸財寶，盛年放逸，作諸惡行；
心念不善，口作惡業，隨心所作，不見其過；
凡夫愚行，無知闇覆，親近惡友，煩惱亂心；
五欲因緣[20]，心生忿恚[21]，不知厭足，故作眾惡；

親近非聖，因生慳嫉，貧窮因緣，奸諂作惡；
繫屬於他，常有怖畏，不得自在，而造諸惡；
貪欲恚癡，擾動其心，渴愛所逼，造作眾惡；
依因衣食，及以女色，諸結惱熱，造作眾惡。
身口意惡，所集三業，如是眾罪，今悉懺悔；
或不恭敬，佛法聖眾，如是眾罪，今悉懺悔；
或不恭敬，緣覺菩薩，如是眾罪，今悉懺悔；
以無智故，誹謗正法，不知恭敬，父母尊長，
如是眾罪，今悉懺悔；愚惑所覆，驕慢放逸，
因貪恚癡，造作諸惡，如是眾罪，今悉懺悔。
我今供養，無量無邊，三千大千，世界諸佛；
我當拔濟，十方一切，無量眾生，所有諸苦；
我當安止，不可思議，阿僧祇眾，令住十地㉒，
已得安止，住十地者，悉令具足，如來正覺。
為一眾生，億劫修行，使無量眾，令度苦海。
我當為是，諸眾生等，演說微妙，甚深悔法，

所謂金光，滅除諸惡。
千劫所作，極重惡業，若能至心，一懺悔者，
如是眾罪，悉皆滅盡。
我今已說，懺悔之法，
是金光明，清淨微妙，速能滅除，一切業障。
我當安止，住於十地，十種珍寶，以為腳足㉓，
成佛無上，功德光明，令諸眾生，度三有海㉔。
諸佛所有，甚深法藏，不可思議，無量功德，
一切種智，願悉具足；百千禪定，根力覺道㉕，
不可思議，諸陀羅尼㉖，十力世尊，我當成就。
諸佛世尊，有大慈悲，當證微誠，哀受我悔。
若我百劫，所作眾惡，以是因緣，生大憂苦，
貧窮困乏，愁熱驚懼，怖畏惡業，心常怯劣，
在在處處，暫無歡樂；十方現在，大悲世尊，
能除眾生，一切怖畏，願當受我，誠心懺悔，
令我恐懼，悉得消除。

我之所有，煩惱業垢，惟願現在，諸佛世尊，
以大悲水，洗除令淨。
過去諸惡，令悉悔過，現所作罪，誠心發露，
所未作者，更不敢作，已作之業，不敢覆藏。
身業三種，口業有四，意三業行，今悉懺悔；
身口所作，及以意思，十種惡業，一切懺悔；
遠離十惡，修行十善[27]，安止十住，逮十力尊；
所造惡業，應受惡報，今於佛前，誠心懺悔。
若此國土，及餘世界，所有善法，悉以迴向[28]；
我所修行，身口意善，願於來世，證無上道。
若在諸有，六趣險難[29]，愚癡無智，造作眾惡，
今於佛前，皆悉懺悔；世間所有，生死險難，
種種淫欲，愚煩惱難，如是諸難，我今懺悔；
心輕躁難，近惡友難，三有險難，及三毒難[30]，
遇無難難，值好時難，修功德難，值佛亦難，
如是諸難，今悉懺悔。

諸佛世尊，我所依止，是故我今，敬禮佛海，
金色晃耀，猶如須彌，是故我今，頂禮最勝。
其色無上，猶如真金，眼目清淨，如紺琉璃；
功德威神，名稱顯著，佛日大悲，滅一切闇。
善淨無垢，離諸塵翳㉛，無上佛日，大光普照；
煩惱火熾，令心焦熱，唯佛能除，如月清涼；
三十二相，八十種好㉜，莊嚴其身，視之無厭。
功德巍巍，明網顯耀，安住三界㉝，如日照世；
猶如琉璃，淨無瑕穢，妙色廣大，種種各異，
其色紅赤，如日初出，頗梨白銀㉞，校飾光網，
如是種種，莊嚴佛日。
三有之中，生死大海，潦水波蕩，惱亂我心，
其味苦毒，最為粗澀，如來網明，能令枯涸。
妙身端嚴，相好殊特，金色光明，遍照一切，
智慧大海，彌滿三界，是故我今，稽首敬禮。
如大海水，其量難知，大地微塵，不可稱計，

諸須彌山，難可度量，虛空邊際，亦不可得，
諸佛亦爾，功德無量，一切有心，無能知者。
於無量劫，極心思惟，不能得知，佛功德邊；
大地諸山，尚可知量，毛滴海水，亦可知數，
諸佛功德，無能知者。
相好莊嚴，名稱讚歎，如是功德，令眾皆得。
我以善業，諸因緣故，來世不久，成於佛道，
講宣妙法，利益眾生，度脫一切，無量諸苦，
摧伏諸魔[35]，及其眷屬，轉於無上，清淨法輪，
住壽無量，不思議劫，充足眾生，甘露法味。
我當具足，六波羅蜜[36]，猶如過佛，之所成就，
斷諸煩惱，除一切苦，悉滅貪欲，及恚癡等；
我當憶念，宿命之事，百生千生，百千億生，
常當至心，正念諸佛，聞說微妙，無上之法；
我因善業，常值諸佛，遠離諸惡，修諸善業。
一切世界，所有眾生，無量苦惱，我當悉滅，

若有眾生，諸根毀壞，不具足者，悉令具足；
十方世界，所有病苦，羸瘦頓乏㊲，無救護者，
悉令解脫，如是諸苦，還得勢力，平復如本；
若犯王法，臨當刑戮㊳，無量怖畏，愁憂苦惱，
如是之人，悉令解脫；若受鞭撻㊴，繫縛枷鎖㊵，
種種苦事，逼切其身，無量百千，愁憂驚畏，
種種恐懼，擾亂其心，如是無邊，諸苦惱等，
願使一切，悉得解脫。
若有眾生，飢渴所惱，令得種種，甘美飲食；
盲者得視，聾者得聽，瘂者能言㊶，裸者得衣，
貧窮之者，即得寶藏，倉庫盈溢，無所乏少，
一切皆受，安隱快樂㊷，乃至無有，一人受苦。
眾生相視，和顏悅色，形貌端嚴，人所喜見，
心常思念，他人善事，飲食飽滿，功德具足。
隨諸眾生，之所思念，皆願令得，種種伎樂，
箜篌箏笛㊸，琴瑟鼓吹，如是種種，微妙音聲，

江湖池沼，流泉諸水，金華遍布，及優鉢羅㊹；
隨諸眾生，之所思念，即得種種，衣服飲食，
錢財珍寶，金銀琉璃，真珠璧玉，雜廁瓔珞㊺。
願諸眾生，不聞惡聲，乃至無有，可惡見者；
願諸眾生，色貌微妙，各各相於，共相愛念，
世間所有，資生之具，隨其所念，悉令具足。
願諸眾生，諸所求索，如其所須，應念即得，
香華諸樹，常於三時㊻，雨細末香，及塗身香㊼，
眾生受者，歡喜快樂。
願諸眾生，常得供養，不可思議，十方諸佛，
無上妙法，清淨無垢，及諸菩薩，聲聞大眾㊽。
願諸眾生，常得遠離，三惡八難㊾，值無難處，
覲覲諸佛，無上之王。
願諸眾生，常生尊貴，多饒財寶，安隱豐樂，
上妙色像，莊嚴其身，功德成就，有大名稱。
願諸女人，皆成男子，具足智慧，精勤不懈，

一切皆行，菩薩之道，勤心修習，六波羅蜜，
常見十方，無量諸佛，坐寶樹下，琉璃座上，
安住禪定，自在快樂，演說正法，眾所樂聞。
若我現在，及過去世，所作惡業，諸有險難，
應得惡果，不適意者，願悉盡滅，令無有餘。
若諸眾生，三有繫縛，生死羅網，彌密牢固，
願以智刀，割斷破裂，除諸苦惱，早成菩提。
若此閻浮[50]，及餘他方，無量世界，所有眾生，
所作種種，善妙功德，我今深心，隨其歡喜。
我今以此，隨喜功德，及身口意，所作善業，
願於來世，成無上道，得淨無垢，吉祥果報。
若有敬禮，讚歎十力，信心清淨，無諸疑網，
能作如是，所說懺悔，便得超越，六十劫罪。
諸善男子，及善女人，諸王剎利，婆羅門等，
若有恭敬，合掌向佛，稱歎如來，并讚此偈，
在在生處，常識宿命，諸根具足，清淨端嚴，

種種功德，悉皆成就，在在處處，常為國王，

輔相大臣，之所恭敬。

非於一佛，五佛十佛，種諸功德，聞是懺悔，

若於無量，百千萬億，諸佛如來，種諸善根，

然後乃得，聞是懺悔。

【譯文】

那時信相菩薩，就在當天夜裡夢見一個金鼓，形體巨大而漂亮，光明閃耀，好比太陽一般。又在光中看到了十方無量無邊的諸佛，都在妙寶樹下，坐琉璃座，有無量百千的大眾圍繞，佛為他們說法。見有一人，好像是個婆羅門，以槌擊鼓，發出很大的鼓聲，聲中演說著懺悔偈頌。那時，信相菩薩從夢中醒來，一心專注地回憶夢中所聽到的懺悔偈頌。就這樣從夜裡直到天明，出王舍城，往靈鷲山，到佛陀的住處。那時也有無量百千的大眾和信相菩薩一起去靈鷲山見佛。到了佛的住處，頂禮佛足，右繞三匝，退坐一邊，恭敬合掌，目不暫捨地瞻仰佛的尊顏，向佛稟告昨晚夢中所見的金鼓和懺悔偈頌：

我憶昨夜中，夢見大金鼓，

其形極殊妙，金光普晃耀，

猶如盛日輪，遍照十方界。
又於此光中，得見於諸佛，
各於寶樹下，坐琉璃座上，
無量百千眾，圍繞而說法。
有一婆羅門，以槌擊金鼓，
於其鼓聲內，宣說如是偈：
金光明鼓出妙音，悉能滅除三世苦，
地獄餓鬼畜生苦，貧窮困苦諸有苦；
由此金鼓聲威力，悉除眾生煩惱逼。
斷眾怖畏得無懼，猶如諸佛得無畏，
佛成功德離生死，到一切智之彼岸，
如是眾生得覺品，亦如佛之功德海。
由此金鼓出妙音，聞者普得梵音相，
證佛無上菩提果，常轉清淨妙法輪。
住壽不可思議劫，演說正法利眾生，
能斷煩惱除諸苦，貪瞋癡等令寂滅。

若有眾生處地獄，大火熾燃燒其身，
若聞金鼓妙音教，即能歸佛而離苦，
亦得成就宿命智，能憶百生億萬生，
令心正念佛世尊，得聞無上甚深教。
由聞金鼓勝妙音，復令眾生值遇佛，
遠離一切諸惡業，善修無量白淨業。
諸天世人餘眾生，隨其心想及所願，
得聞金鼓微妙音，所求悉皆得滿足。
眾生若墮大地獄，猛火炎熾燒其身，
八難流轉無救護，聞者能令苦悉滅。
三惡道報及人中，眾生現受諸苦逼，
得聞金鼓微妙音，一切諸苦悉滅除。
無依無歸無救護，我為是等作依處。
是諸世尊當證知，於我生起大悲心。
在在處處十方佛，現在世雄兩足尊，
我本所作不善業，今對十力前懺悔。

不識諸佛父母恩，不解善法造惡業，
自恃種姓及財寶，盛年放逸造惡業；
心念不善口惡言，隨心所作造惡業，
愚行無知暗障覆，親近惡友造惡業；
五欲因緣心瞋忿，不知厭足造諸惡，
近不善人生慳嫉，貧窮奸諂造諸惡；
繫屬於他常怖畏，不得自在造諸惡，
貪欲恚癡躁動心，渴愛所逼造諸惡；
由因衣食及女色，煩惱火燒造諸惡。
身口意集三惡業，如是眾罪今懺悔；
或不恭敬佛法僧，如是眾罪今懺悔，
不敬緣覺與菩薩，如是眾罪今懺悔；
由無智慧謗正法，不敬父母及尊長，
如是眾罪今懺悔；愚惑所覆驕慢逸，
因貪恚癡造作惡，如是眾罪今懺悔。
我於三千大千界，供養無量無數佛，

當願拔濟十方眾，令離所有諸苦難；
我當安止僧祇眾，皆令安住於十地，
已得安住十地者，悉皆成佛圓滿覺。
為一眾生億劫修，度無量眾離苦海。
我當為諸眾生等，演說深妙之悔法，
所謂最勝金光明，能除千劫極重業。
若能至心一懺悔，如是罪業悉盡滅，
我今已說懺悔法，清淨微妙金光明，
能速滅除一切業。
我當安住於十地，十種珍寶為腳足，
功德光明悉圓滿，濟度眾生三有海。
諸佛甚深之法藏，妙智功德難思議，
一切種智悉具足。
百千禪定覺道品，不可思議陀羅尼，
十力世尊我成就。
唯願世尊大慈悲，證察微誠受我悔。

若我百劫造惡業，以是因緣大憂苦，
貧窮困乏愁驚懼，怖畏惡業心怯劣，
在在處處無暫樂；十方諸佛大悲尊，
能除眾生諸怖畏，願受我之誠心懺，
令我憂苦悉消除。
我之所有煩惱垢，唯願現在諸世尊，
以大悲水洗除淨。
過去作罪今悉懺，現在作罪誠發露，
所未作者更不作，已作之業不覆藏。
身業三種口業四，意三業行今悉懺，
身口意業之一切，十種惡業皆懺悔。
遠離十惡行十善，安止十住圓十力。
所造惡業應受報，今於佛前至心懺。
若此國土餘世界，所有善法悉迴向，
我以身口意所行，願將證得無上道。
若在諸有六趣難，愚癡無智造惡業，

今於佛前悉懺悔；世間生死之險難，
種種淫欲煩惱難，狂心散動顛倒難，
近惡友難三有難，三毒難及無難難，
值好時難修德難，值佛亦難如是難，
今對佛前悉懺悔。
我今依止諸世尊，我禮佛海無上尊，
金色晃耀如須彌，我今頂禮最勝尊。
身色無上如天金，眼目清淨紺琉璃，
功德威神名稱著，大悲慧日滅眾暗；
佛日大光普照耀，善淨無垢離塵翳，
牟尼月照極清涼，能除眾生煩惱熱；
三十二相遍莊嚴，八十隨好視無厭。
功德巍巍光網耀，安住三界如日照；
色如琉璃淨無瑕，妙色廣大種種異，
頗梨白銀飾光網，如日初出流霞光，
種種光明以嚴飾。

三有生死大海中，憂惱愁水漂我心，
毒澀苦海難堪忍，佛日舒光令永竭。
妙身莊嚴相好殊，金色光明遍一切，
智慧大海滿三界，是故我今稽首禮。
如大海水量難知，大地微塵不可計，
如妙高山叵稱度，亦如虛空無邊際，
諸佛功德亦如是，一切有情不能知。
於無量劫極思維，不能得知佛功德；
大地微塵能算知，毛端滴海尚可量，
佛之功德無能數。
相好莊嚴名稱讚，如是功德令眾得。
我以善業諸因緣，願得速成於佛道，
講宣妙法利眾生，悉令度脫無量苦；
摧伏諸魔及眷屬，轉於無上正法輪，
住壽無量難思議，充足眾生甘露味。
猶如過去諸最勝，六波羅蜜皆圓滿，

滅諸貪欲及瞋癡，降伏煩惱除眾苦；
我當憶念宿命事，百生千生萬億生，
亦常至心念諸佛，所說無上微妙法，
我因善業常值佛，遠離諸惡修諸善。
一切世界諸眾生，願我悉滅彼苦惱，
所有諸根不具足，令彼身相皆圓滿；
若有眾生遭病苦，身形羸瘦無所依，
咸令病苦得消除，諸根色力皆充滿；
若犯王法當刑戮，無量怖畏生憂惱，
如是之人令解脫；若受鞭撻枷鎖繫，
種種苦痛逼切身，無量百千愁憂畏，
種種恐懼擾其心，如是無邊諸苦惱，
願使一切悉解脫。
若有眾生飢渴逼，令得種種甘美食；
盲者得視聾得聽，啞者得言裸得衣，
貧窮之者得寶藏，倉庫盈溢無所乏。

一切皆受安穩樂，乃至無有一受苦。
眾生相視和悅色，形貌端嚴人喜見，
心常思念他人善，飲食飽滿功德具。
隨彼眾生之所念，所願皆令得滿足。
隨念種種伎樂聲，箜篌琴瑟妙音現，
念水即現流泉池，金色蓮花泛其上。
隨彼眾生心所念，飲食衣服及床敷，
金銀珍寶妙琉璃，瓔珞莊嚴皆具足。
願眾生不聞惡聲，乃至不見可惡者，
願眾生容貌端嚴，各各慈心相愛念，
世間所有資生具，隨心念時皆滿足，
所有眾生之求索，隨其所念悉具足。
燒香末香及塗香，香花諸樹三時雨，
隨心受用生歡喜。
願諸眾生常供養，不可思議十方佛，
無上清淨妙法門，菩薩獨覺聲聞眾。

願諸眾生常遠離，三惡無暇八難中，
親睹諸佛無上王。
願得常生尊貴家，財寶豐饒安穩樂，
妙色顏容身莊嚴，功德成就大名稱。
願諸女人轉為男，精勤不懈具智慧，
一切皆行菩薩道，勤修六度到彼岸。
常見十方無量佛，寶王樹下琉璃座，
安住禪定自在樂，演說正法眾樂聞。
若我現在及過去，若於過去及現在，
輪迴三有造諸業，能招可厭不善趣，
願得消滅永無餘。
一切眾生於有海，生死罥網堅牢縛，
願以智劍為斷除，離苦速證菩提處。
若此閻浮及他方，無量世界諸眾生，
所作種種妙功德，我今身心皆歡喜。
以此隨喜之功德，及身口意之善業，

願證無上大菩提，得淨無垢勝果報。
若有禮讚佛功德，信心清淨無疑網，
如是所作之懺悔，當超六十劫重罪。
諸善男子善女人，國王剎利婆羅門，
合掌恭敬而向佛，稱歎如來說此偈，
生生常知宿命事，諸根具足身端嚴，
種種功德皆成就，在在生處常為王，
輔相大臣行恭敬。
非於一佛十佛所，種諸功德得聞懺，
已於無量千萬億，諸佛如來種善根，
乃得聞是懺悔法。

【注釋】

❶見《周叔迦佛學論著集》下集（北京：中華書局，一九九一），頁一〇〇九。

❷姝：美好。

❸桴：鼓槌。

❹寤：醒來。

❺匝：周、圈。

❻三世：指過去世、現在世、未來世。

❼諸有：眾生所作業，因緣果報而有迷界的萬象差別。分為三有、四有、七有、九有、二十五有等類，總稱諸有。

❽大智岸：即佛果大智慧的涅槃彼岸。

❾定及助道：定謂四空定。助道謂三十七道品等。

❿梵音深遠：指梵音相。佛三十二相之一。佛報得清淨音聲最妙，號為梵音。據《大智度論》卷四載，佛之梵音如大梵天王所出之聲，有五種清淨之音：㈠甚深如雷。㈡清徹遠播，聞而悅樂。㈢入心敬愛。㈣諦了易解。㈤聽者無厭。

⓫菩提：梵語bodhi，意譯覺、智、道。這裡指佛果之覺智。

⓬轉無上輪：即轉法輪。佛之教法，謂之法輪；宣說教法，謂之轉法輪。「輪」一詞本為印度古代之戰車，以回轉戰車即可粉碎敵人，譬喻佛陀所說之教法於眾生之中回轉，即可破碎眾生之迷惑。又轉輪聖王轉動金輪，以降伏怨敵；而釋尊以說法降伏惡魔，故稱轉法輪。

⓭宿命：宿世生命，無量生中的受報差別、善惡苦樂等情狀。佛教認為世人於過去世皆有生命，或為天或為人，或為餓鬼畜生，輾轉輪迴，謂之宿命。能知宿命者，謂之宿命通。

⓮白淨之業：即「白業」，佛教以善為清白之法，故稱善業為白業，稱不善業為黑業。

⓯地獄：梵語naraka或niraya，音譯作「捺落迦」、「那落迦」、「泥梨」等，意為不樂、可厭、苦具、苦器、無有等。佛教中地獄總有三類：一根本地獄，即八大地獄及八寒地獄等。二近邊地獄，即十六遊增地獄等。三孤獨地獄，在山間曠野樹下空中等。

⓰三惡道：即地獄、餓鬼、畜生等三趣，均為惡業所生，故稱「三惡道」，又稱「三惡趣」。

⓱兩足之尊：佛之尊號。一以佛在人天善趣兩足有情中為第一尊貴，二以佛的福德、智慧圓滿具足。

⓲十力：因佛具足十種不共智力，故稱佛為十力尊。十力為：㈠處非處智力，㈡業異熟智力，㈢靜慮解脫等持等至智力，㈣根上下智力，㈤種種勝解智力，㈥種種界智力，㈦遍趣行智力，㈧宿住隨念智力，㈨死生智力，㈩漏盡智力。

⓳種姓：印度自吠陀時代，因出生之身分、階級、職業等不同而定其種姓，構成一種不平等的社會階級制度。古代印度社會分為婆羅門（僧侶、知識階層）、剎帝利（王侯武士階層）、吠舍（農工商庶民）、首陀羅（賤民奴隸）四等種姓，以前二種姓為高等。

⓴五欲：指染著色、聲、香、味、觸五境而起的五種情欲。

㉑恚：瞋怒。佛教稱貪、恚、癡或貪、瞋、癡為「三毒」，即貪欲、瞋恚、愚癡等三種煩惱。

㉒十地：大乘菩薩道的修行階位。《華嚴經》云：一歡喜地、二離垢地、三發光地、四焰慧地、五

難勝地、六現前地、七遠行地、八不動地、九善慧地、十法雲地。

㉓十種珍寶，以為腳足：《金光明經文句》：「珍寶者，十地因可貴，諸地即是珍寶也。腳足者，十地是果家之基本，故言腳足。又十度是十地之腳足，……檀足若滿得入初地。乃至智度足滿得入十地。故十度為十地腳足也。」意為十地是佛果之腳足，又十度為十地之腳足。十度，依《華嚴經》為布施、持戒、忍辱、精進、禪定、智慧、方便、願、力、智。

㉔三有：謂生有、中有、死有。三有海，指生死流。

㉕根力覺道：根指信、勤、念、定、慧五根；力指信、勤、念、定、慧五力，覺指念、擇法、精進、喜、輕安、定、捨等七覺支；道指正見、正思維、正語、正業、正命、正精進、正念、正定等八正道。這裡泛指三十七道品，即四念處（身、受、心、法）、四正勤（已生惡令永斷，未生惡令不生，未生善令生，已生善令增長）、四如意足（欲、精進、念、思維）、五根、五力、七覺支、八正道。

㉖陀羅尼：梵語dhāraṇī之音譯。意譯「總持」、「能持」。《瑜伽師地論》卷四十五舉出四陀羅尼：㈠法陀羅尼，能記憶經句不忘。㈡義陀羅尼，能理解經義不忘。㈢咒陀羅尼，依禪定力起咒術，能消除眾生之災厄。㈣忍陀羅尼，通達諸法離言之實相，了知其本性，忍法性而不失。這裡指咒陀羅尼。

㉗十善：身口意三業中所行的十種善行為。又作「十善業」、「十善道」。反之，身口意所行的十

種惡行為，稱為「十惡」、「十不善業」。身三善業為：不殺生、不偷盜、不邪淫。口四善業為：不妄語、不兩舌、不綺語、不惡口，意三善業為：不貪、不瞋、不癡（非邪見）。反之即是十惡業。

㉘ 迴向：回轉趣向之義，意謂回轉自己所做的功德善根以趣向菩提，或往生淨土，或施與眾生等。

㉙ 六趣：佛教中眾生由業因差別而有六個趣向之處，即地獄、餓鬼、畜生（傍生）、阿修羅、人、天等，謂之六趣，又稱「六道」。

㉚ 三毒：指貪欲、瞋恚、愚癡三種煩惱。又作「三火」、「三垢」。一切煩惱本通稱為毒，然此三種煩惱通攝三界，係毒害眾生出世善心中之最甚者，能令有情長劫受苦而不得出離，故特稱三毒。

㉛ 翳：雲霧。

㉜ 三十二相、八十種好：又稱「三十二大丈夫相、八十隨好」。佛、菩薩之應化身所具足之殊勝容貌形相中，顯著易見者有三十二種，稱為「三十二相」；微細隱密難見者有八十種，稱為「八十種好」。兩者亦合稱「相好」。轉輪聖王亦能具足三十二相，而八十種好則唯佛、菩薩始能具足。

㉝ 三界：即欲界、色界、無色界。

㉞ 頗梨：又作「玻璃」、「頗璃」、「頗胝」等，七寶之一。意譯「水玉」、「白珠」、「水

精」。

㉟諸魔：梵文mara，音譯「魔羅」，意為殺者、擾亂、障礙、奪命等，能夠擾亂身心，障礙善法，破壞勝事。有二魔，為內魔、外魔；有四魔，謂煩惱魔、五陰魔、死魔、天魔等。

㊱六波羅蜜：即「六度」，一布施，二持戒，三忍辱，四精進，五禪定，六智慧。

㊲羸：衰病、瘦弱。

㊳戮：殺。

㊴鞭撻：用鞭子或棍子打。

㊵繫縛枷鎖：繫，拘囚之義。縛，捆綁。枷鎖，古代刑具。

㊶瘂：同「啞」。

㊷安隱：即「安穩」。「隱」通假「穩」字，音義皆同「穩」。或以「隱」、「穩」為古今字。

㊸箜篌：一種古代撥弦樂器。箏：一種撥弦樂器。

㊹優鉢羅：即青蓮花。

㊺瓔珞：由珠玉或花等編綴成之飾物，可掛在頭、頸、胸或手腳等部位。印度一般王公貴人皆佩戴。

㊻三時：指晨朝、日中、日沒。

㊼塗身香：又稱「塗香」。古印度人的生活習慣之一，即以香塗身，以消除體臭或熱惱。或焚燒香

料，以薰衣服與室內，稱作燒香、薰香。又有「末香」，或作「抹香」，即以香粉撒地或燃薰。塗香、燒香、末香也都是供佛的方法之一。

㊽聲聞：指聽聞佛陀聲教而證悟之出家弟子。

㊾三惡：即地獄、餓鬼、畜生等三惡趣。八難：指不得遇佛、不聞正法之八種障難。即地獄、畜生、餓鬼、長壽天、邊地、盲聾喑啞、世智辯聰、佛前佛後。處在這八種情境中的眾生，或恆受眾苦，或無暇修行善事，故又名「八無暇」或「八非時」。

㊿閻浮：梵文Jambu-dvipa，音譯「閻浮提」、「閻浮提鞞波」，新譯為「贍部洲」。此洲為須彌山四大洲之南洲，故又稱「南閻浮提」、「南閻浮洲」、「南贍部洲」。即地球人類居住之處。

讚歎品第四

〈懺悔〉滅惡，〈讚歎〉生善，懺悔法門與讚佛功德，正是取證佛果菩提涅槃的修因。本品以偈頌說明信相夜夢金鼓並聞知金光明懺悔法的過去世因緣。信相菩薩前世為金龍尊王時，修金光明法門，常禮敬讚歎十方三世諸佛的佛身微妙，並發願於未來世常常夜夢金鼓晝宣說，聞懺悔法，行菩提道，濟拔眾生；以此果報，當來之世，值釋迦佛，得受記別，功德淨土，與佛無異。又，以偈頌等讚歎佛的種種相好功德是大小乘的傳統功行之一，並在〈普賢行願品〉中被列入普賢行的十大願之一。除了本品外，本經中〈四天王品〉、〈讚佛品〉中也有讚歎佛相好功德的內容。

爾時佛告地神堅牢：「善女天！過去有王名金龍尊，常以讚歎，讚歎去來現在諸佛。」

我今尊重，敬禮讚歎，去來現在，十方諸佛。
諸佛清淨，微妙寂滅；色中上色，金光照耀。
於諸聲中，佛聲最上，猶如大梵，深遠雷音；
其髮紺黑，光螺炎起，蜂翠孔雀，色不得喻；
其齒鮮白，猶如珂雪[1]，顯發金顏，分齊分明；
其目修廣，清淨無垢，如青蓮華，映水開敷；
舌相廣長，形色紅暉，光明照耀，如華初生；
眉間毫相，白如珂月，右旋潤澤，如淨琉璃；
眉細修揚，形如月初，其色黑耀，過於蜂王；
鼻高圓直，如鑄金鋌[2]，微妙柔軟，當於面門；
如來勝相，次第最上，得味真正，無與等者。
一一毛孔，一毛旋生，軟細紺青，猶孔雀項。
即於生時，身放大光，普照十方，無量國土，
滅盡三界，一切諸苦，令諸眾生，悉受快樂；
地獄畜生，及以餓鬼，諸人天等，安隱無患，
悉滅一切，無量惡趣。

身色微妙，如融金聚；面貌清淨，如月盛滿；
佛身明耀，如日初出；進止威儀，猶如師子❸；
修臂下垂，立過於膝，猶如風動，娑羅樹枝❹；
圓光一尋❺，能照無量，猶如聚集，百千日月。
佛身淨妙，無諸垢穢，其明普照，一切佛剎；
佛光巍巍，明炎熾盛，悉能隱蔽，無量日月；
佛日燈炬，照無量界，皆令眾生，尋光見佛。
本所修習，百千行樂，聚集功德，莊嚴佛身。
臂臑纖圓❻，如象王鼻，手足淨軟，敬愛無厭。
去來諸佛，數如微塵，現在諸佛，亦復如是，
如是如來，我今悉禮，身口清淨，意亦如是，
以妙香華，供養奉獻，百千功德，讚詠歌歎。
設以百舌，於千劫中，歎佛功德，不能得盡；
如來所有，現世功德，種種深固，微妙第一。
設復千舌，欲讚一佛，尚不能盡，功德少分，
況欲歎美，諸佛功德。

大地及天，以為大海，乃至有頂[7]，滿其中水，
尚以一毛，知其滴數，無有能知，佛一功德。
我今以禮，讚歎諸佛，身口意業，悉皆清淨，
一切所修，無量善業，與諸眾生，證無上道。
如是人王，讚歎佛已，復作如是，無量誓願：
若我來世，無量無邊，阿僧祇劫，在在處處，
常於夢中，見妙金鼓，得聞懺悔，深奧之義；
今所讚歎，面貌清淨，願我來世，亦得如是。
諸佛功德，不可思議，於百千劫，甚難得值，
願於當來，無量之世，夜則夢見，晝如實說。
我當具足，修行六度，濟拔眾生，越於苦海，
然後我身，成無上道，令我世界，無與等者。
奉貢金鼓，讚佛因緣，以此果報，當來之世，
值釋迦佛，得受記莂[8]；并令二子，金龍金光，
常生我家，同共受記。
若有眾生，無救護者，眾苦逼切，無所依止，

我於當來，為是等輩，作大救護，及依止處，
能除眾苦，悉令滅盡，施與眾生，諸善安樂。
我未來世，行菩提道，不計劫數，如盡本際❾；
以此金光，懺悔因緣，使我惡海，及以業海，
煩惱大海，悉竭無餘；我功德海，願悉成就，
智慧大海，清淨具足，無量功德，助菩提道，
猶如大海，珍寶具足。
以此金光，懺悔力故，菩提功德，光明無礙，
慧光無垢，照徹清淨；我當來世，身光普照，
功德威神，光明炎盛，於三界中，最勝殊特，
諸功德力，無所減少。
當度眾生，越於苦海，并復安置，功德大海，
來世多劫，行菩提道，如昔諸佛，行菩提者。
三世諸佛，淨妙國土，諸佛至尊，無量功德，
令我來世，得此殊異，功德淨土，如佛世尊。
信相當知，爾時國王，金龍尊者，則汝身是；

爾時二子，金龍金光，今汝二子，銀相等是⑩。

【譯文】

那是佛告訴堅牢地神說：「善女天啊！過去世有一個國王名叫金龍尊，常以歌偈來讚歎過去未來現在一切諸佛。」

我今殷重禮讚歎，去來現在十方佛。
清淨微妙善寂滅，色中上色身金光。
一切聲中最為上，如大梵響震雷音，
其髮紺黑色難喻，宛轉螺光如焰起，
蜂翠碧綠孔雀色，其色妙美不可喻。
其齒鮮白如珂雪，平正齊密顯光明，
其目修廣淨無垢，如青蓮花映水開，
舌相廣長色紅輝，柔軟光耀如紅蓮，
眉間常有白毫光，右旋宛轉琉璃色，
眉細修揚類初月，其色黑耀比蜂王，
鼻高圓直如金鋌，微妙柔軟當面門，

如來勝相最為上，得味真正無與等。
一一毛孔毛旋生，軟細紺如孔雀項。
初誕身有妙光明，普照一切十方界，
滅盡三界一切苦，令諸眾生受快樂；
地獄畜生及餓鬼，諸人天等得安穩，
悉滅一切惡趣苦。
身色微妙如金聚，面貌清淨如月滿，
佛身明耀如日出，進止威儀如獅子，
修臂下垂立過膝，狀如風動娑羅枝，
圓光一尋照無邊，赫奕猶如百千日。
佛身淨妙無諸垢，其明普照一切剎；
佛光巍巍明焰盛，悉能映蔽諸日月；
佛日光照無量界，眾生遇光得見佛。
本所修習諸行業，聚集功德嚴佛身。
臂纖圓如象王鼻，手足淨軟愛無厭。
過去未來現在佛，數如大地諸微塵，

我以清淨身語意，一切如來悉頂禮，
以妙香花誠供獻，讚佛無邊功德海。
設我口中有百舌，於千劫中讚如來，
佛之功德難思議，深固微妙為第一。
設復千舌讚一佛，功德少分不能盡，
況諸佛德無邊際。
假使大地及諸天，乃至有頂滿海水，
以一毛端知滴數，佛一功德無能知。
我以清淨身語意，禮讚諸佛德無邊，
所修無量諸善業，回施眾生成佛道。
彼王讚歎如來已，復發如是弘誓願：
願我當於未來世，無數劫中生生處，
夢中常見妙金鼓，得聞懺悔深奧音；
今所讚歎佛功德，願我來世得如是。
諸佛功德不思議，於百千劫難值遇，
願於當來無量世，夜夢金鼓晝說懺。

我當圓滿修六度，拔濟眾生越苦海，
我身得成無上道，佛土清淨無與等。
夢見金鼓讚如來，以此功德願來世，
遇釋迦佛得受記，並金龍金光二子，
常生我家同受記。
若有眾生無救護，眾苦逼切無依止，
我於當來為等輩，作大救護依止處，
三有眾苦令滅盡，願施眾生安樂處。
願我來世無數劫，行菩薩道盡本際，
以此金光懺悔福，願使惡海及業海、
煩惱大海竭無餘；
我功德海願得成，智慧大海亦圓滿，
菩提資糧悉圓滿，猶如大海珍寶具。
以此金光懺悔力，當獲福德光無礙，
亦得智慧光無垢；願我來世身光照，
功德威神光明焰，於三界中最殊勝，

威力自在無倫匹。
願度眾生出苦海，安置無為功德海，
多劫常行菩薩道，修菩提行如諸佛。
三世諸佛妙淨土，尊勝無量功德海，
願我來世皆成滿，福智剎土如世尊。
信相當知時國王，金龍尊者汝身是，
二子金龍與金光，汝子銀相銀光是。

【注釋】

❶珂：白色似玉的美石。
❷鋌：同「錠」。
❸師子：同「獅子」。
❹娑羅樹：一種樹，喬木，產於印度、孟加拉等熱帶地方。高達十丈，葉呈長橢圓形而尖，種子可食。
❺一尋：古代長度單位。伸張兩臂為一尋，約六尺至八尺左右。
❻牖：同「傭」，直，均齊。

❼有頂：即有頂天。一說為色究竟天。乃色界四禪天之第九天，為有形世界之最頂峰，故稱「有頂」。一說為無色界之第四天，即非想非非想處天，以其為三有（三界）之絕頂，故稱有頂。

❽記莂：又作「記別」、「授記」、「受記」，佛記弟子成佛之事，分別劫數、國土、佛名、壽命等事。

❾本際：指根本究竟之邊際，即絕對平等的理體，多指涅槃而言。這裡是指盡未來際的無盡時間之義。

❿銀相等：後文提到，信相的二子名為銀相、銀光。

空品第五

本品明境，明我法二空之理。〈懺悔品〉不得空性之理則惡不除滅，〈讚歎品〉不得空性之理則善不清淨，故文中說「本性空寂」、「本自不生」。又三論宗吉藏《金光明經疏》中解釋說：〈懺悔〉、〈讚歎〉二品明功德門，是方便道；〈空品〉明智慧門，是般若道❶。然如同本品開頭所說，「無量餘經，已廣說空，是故此中，略而解說」，本經對於空義只是略說，也就是說，從理論上解說空性的道理並不是本經的重點內容。本品所說的空義，與般若經所說的空義大致相同，以四大、五蘊、十二入、十八界解說我空、法空，以十二因緣解說流轉，進而修我法二空觀，以性空不生之理，斷見縛煩惱而證菩提，求證如來真實法身，廣修供養，利益有情。

無量餘經，已廣說空，是故此中，略而解說。
眾生根鈍，鮮於智慧，不能廣知，無量空義，
故此尊經，略而說之。
異妙方便，種種因緣，為鈍根故，起大悲心，
今我演說，此妙經典。
如我所解，知眾生意。
是身虛偽，猶如空聚❷，六入村落❸，結賊所止❹，
一切自住，各不相知。
眼根受色，耳分別聲，鼻嗅諸香，舌嗜於味，
所有身根，貪受諸觸，意根分別，一切諸法。
六情諸根❺，各各自緣，諸塵境界，不行他緣❻。
心如幻化，馳騁六情，而常妄想，分別諸法，
猶如世人，馳走空聚，六賊所害，愚不知避；
心常依止，六根境界，各各自知，所伺之處，
隨行色聲，香味觸法。
心處六情，如鳥投網，其心在在，常處諸根，

隨逐諸塵，無有暫捨。
身空虛偽，不可長養❼，無有諍訟，亦無正主。
從諸因緣，和合而有，無有堅實，妄想故起；
業力機關❽，假偽空聚，地水火風❾，合集成立。
隨時增減❿，共相殘害，猶如四蛇，同處一篋⓫。
四大蚖蛇⓬，其性各異，二上二下，諸方亦二⓭，
如是蛇大，悉滅無餘。
地水二蛇，其性沉下，風火二蛇，性輕上升。
心識二性，躁動不停，隨業受報，人天諸趣，
隨所作業，而墮諸有。
水火風種，散滅壞時，大小不淨，盈流於外，
體生諸蟲，無可愛樂，捐棄塚間⓮，如朽敗木⓯。
善女當觀，諸法如是，何處有人，及以眾生。
本性空寂，無明故有，如是諸大，一一不實；
本自不生，性無和合，以是因緣，我說諸大，
從本不實，和合而有。

無明體性[16]，本自不有，妄想因緣，和合而有。
無所有故，假名無明。
是故我說，名曰無明，行識名色，六入觸受，
愛取有生，老死愁惱，眾苦行業，不可思議，
生死無際，輪轉不息。
本無有生，亦無和合，不善思惟，心行所造。
我斷一切，諸見纏等[17]，以智慧刀，裂煩惱網，
五陰舍宅[18]，觀悉空寂，證無上道，微妙功德。
開甘露門，示甘露器，入甘露城，處甘露室，
令諸眾生，食甘露味。
吹大法螺，擊大法鼓，然大法炬，雨勝法雨；
我今摧伏，一切怨結，豎立第一，微妙法幢[19]。
度諸眾生，於生死海，永斷三惡，無量苦惱。
煩惱熾然，燒諸眾生，無有救護，無所依止，
我以甘露，清涼美味，充足是輩，令離燋熱。
於無量劫，遵修諸行，供養恭敬，諸佛世尊；

堅固修習，菩提之道，求於如來，真實法身[20]。
捨諸所重，肢節手足，頭目髓腦，所愛妻子，
錢財珍寶，真珠瓔珞，金銀琉璃，種種異物。

【譯文】

無量餘經廣說空，是故此處略解說，
眾生根鈍少智慧，不能廣知甚深義，
故我於此重敷演。
大悲哀愍有情故，以善方便勝因緣，
我今演說妙經典，令彼得解空性義。
此身虛幻如空聚，六入村中結使賊，
各各止住不相知。
眼受諸色耳聞聲，鼻嗅諸香舌嗜味，
身根貪受諸觸樂，意根分別一切法。
六根各自緣六境，根境相緣不雜亂。
心如幻化騁六根，而常妄想生諸法，

如人馳走空聚中，為六賊害不知避。
心常依止六根境，托根緣境隨尋伺，
六塵境中隨處轉。
其心常處於六根，猶鳥在網乍出入，
隨逐諸塵無暫捨。
身空虛偽不長養，根境緣成無正主。
從諸因緣和合有，虛妄分別無堅實，
業力機關假偽聚，地水火風共成身。
隨時增減共相害，猶如四蛇處一篋。
四大蚖蛇性各異，二上二下方亦二，
如是蛇大悉無餘。
地水二蛇性沉下，風火二蛇性輕上。
心識二性躁不停，隨業受報人天趣，
隨所作業墮諸有。
地水火風散滅時，大小不淨盈流外，
體生諸蟲無可愛，捐棄塚間如朽木。

善女當觀法如是，云何執有我眾生。
本性空寂無明有，如是四大皆不實；
本自不生無和合，以是因緣說諸大，
從本不實和合有。
無明體相本無有，妄想因緣和合生，
假名無明無所有。
是故我說名無明，行、識、名色、六入、觸，
受、愛、取、有、生、老死，憂悲苦惱恆隨逐，
生死輪迴無息時。
本無有生體是空，由不如理生分別。
我斷一切諸見纏，以智慧劍裂纏網，
五陰舍宅觀悉空，證無上道微妙德。
開甘露門兮示甘露器，入甘露城兮處甘露室，
令諸眾生兮食甘露味。
吹大法螺兮擊大法鼓，燃大法炬兮雨勝法雨。
我今摧伏諸怨結，豎立第一妙法幢。

度眾生於生死海，永斷三途無量苦。
煩惱熾燃苦眾生，無有救護無依止，
我以甘露清涼味，充足是輩離熱惱。
於無量劫修諸行，供養恭敬佛世尊，
堅固修習菩提道，證得如來真法身。
捨諸所愛身手足，頭目髓腦及妻子，
錢財珍寶珠瓔珞，金銀琉璃種種寶。

【注釋】

❶「〈懺悔〉、〈讚歎〉二品明功德門」四句：見吉藏，《金光明經疏》卷一，《大正藏》第三十九冊，頁一六二。

❷ 空聚：無人之聚落。人身之六根，假和合而無實主，譬之無人之聚落。

❸ 六入：眼、耳、鼻、舌、身、意等六根為「內六入」，色、聲、香、味、觸、法等六境為「外六入」，總稱「十二入」，亦作「十二處」。入者，涉入、趨入之義；處者，所依之義。六根與六境互相涉入而生六識，故稱入。

❹ 結賊：結即結使，煩惱的異稱。諸煩惱纏縛眾生，不使出離生死，故稱結；驅役而惱亂眾生，故

稱使。結有九種，使有十種，稱為九結十使。結使伏於眾生心中，如賊一樣，故稱為「結賊」。

❺六情：即「六根」。舊譯經論多譯六根為六情。以眼、耳、鼻、舌、身、意等六根皆具有情識，故稱「六情」。

❻不行他緣：六根的每一根，與六境是各各相對的。如眼一定緣色境而不他緣聲境等。

❼長養：即沒有真正的實體性的我，故並沒有一個真正的我出生、長養，不過是緣聚緣滅的聚散現象而已。這是佛學的無我論觀點。

❽業力：善惡之業有生起苦樂果之力用，稱為「業力」。一切苦樂之果皆因業力所致，故通常有「業力不可思議」之語。

❾地水火風：即佛學四大。地為堅性，水為濕性，火為暖性，風為動性。這裡以四蛇比喻四大。

❿隨時增減：《文句》：豎論增減者，從入胎時名增，壯時名盛，老時名滅。橫論增減者，火增水減，水增火減，指四大各自增減不定。比如有時候火大盛而發高燒，則害其他，故說「共相殘害」。

⓫篋：小箱子。佛經以假身為篋，身中四大，如篋貯蛇。

⓬蚖蛇：指蠑螈或蜥蜴一類的動物，這裡泛指毒蛇。

⓭諸方亦二：《文句》：諸方亦二者，四大對四方，風東火南地西水北。對四時，風春火夏地秋水冬。東與南屬陽而上升，西與北屬陰而下沉。故言二上二下，諸方亦二。

⓮塚：墳。

⓯如朽敗木：《文句》：氣命盡是風去故言散，暖盡是火去故言滅。水盡則身爛，故言大小不淨盈流於外。地散滅是骨肉離解，故言如朽敗木。

⓰無明：就通義而言，一切煩惱皆有暗障迷惑真如本際理體之義，通稱為無明；就別義而言，無明煩惱迷於本際，集起生死，為十二因緣之根本。《起信論》分為根本無明和枝末無明。

⓱見纏：見指見縛、見惑、見網等，即五利使（身見、邊見、邪見、見取見、戒禁取見）、五鈍使（貪、瞋、癡、慢、疑）等十惑。纏則為煩惱的異名，指無慚、無愧、嫉、慳、悔、睡眠、掉舉、昏沉、忿、覆等貪瞋癡煩惱，纏縛眾生於生死流轉之中而不得解脫。

⓲五陰：新譯「五蘊」，即色、受、想、行、識。

⓳法幢：幢指幢幡，與旌旗同義。幢旗以表戰勝之相，故以法幢譬喻佛菩薩之說法能降伏眾生煩惱之魔軍。

⓴法身：佛所得之無漏法及佛之自性真如如來藏。佛的二身之一，或三身之一。又作「法佛」、「理佛」、「法身佛」、「自性身」、「法性身」、「如如佛」、「實佛」、「第一身」等。

卷二

四天王品第六

從〈壽量品〉至〈空品〉明常住因果，即是經體；從〈四天王品〉至〈捨身品〉明經功德而勸學，即經力用。〈四天王品〉以下至〈囑累品〉都屬於流通分的內容，但卻是本經極為重要的內容。本經被列為護國之經，在整個大乘佛教流行的地區都受到廣泛持誦，是與〈四天王品〉、〈大辯天神品〉、〈功德天品〉、〈堅牢地神品〉、〈散脂鬼神品〉等五品宣說的受持讀誦宣講《金光明經》能夠帶來不可思議護國利益密不可分的。這五品經說明誦持流通本經所帶來的諸天護國、除災增福等各種現世利益，是《金光明經》成為護國經典的主要根據，對於歷代提倡《金光明經》以鎮護國家起到了很大作用。這五品經一再宣說誦持流通《金光明經》能夠得到護世四天王及諸天神的鎮護，擁護持誦及說法者，並使此地的一切災難、痛苦及不吉祥都得到滅除，一切善法功德都得到增長，國土轉為豐饒，人民得到安樂。其中尤其勸說國王要親自供養宣說《金光明經》的人，能夠給國土人民帶來種種的利益安樂。〈四天王品〉敘說四天王因供養讀誦宣說本經而服甘露味，增益身力，威德勇猛，鎮護國家，滅除一切國土衰耗、怨賊侵境、饑饉疾疫等種種災難，消除一切衰惱，護衛國土人民得到一切安樂。〈大辯天神品〉、〈功德天品〉、〈堅牢地神品〉、〈散脂鬼神品〉四品也是宣說諸天神擁護說法者，得到種種利益安樂。同時，諸天擁護，都能使說法者除災獲福，並值遇諸佛，速疾證得阿耨多羅三藐三菩提。諸天護國的內容反映了大乘思想發展中，出現了把諸天神視為是不同修證層次的菩薩化身的思想，所謂外現諸天鬼王身，內密大乘菩薩行，這成為大乘思想的一個重要觀點。

爾時毘沙門天王、提頭賴吒天王、毘留勒叉天王、毘留博叉天王❶，俱從座起，偏袒右肩，右膝著地，胡跪合掌，白佛言：「世尊！是金光明微妙經典眾經之王，諸佛世尊之所護念，莊嚴菩薩深妙功德，常為諸天之所恭敬，能令天王心生歡喜，亦為護世之所讚歎❷。此經能照諸天宮殿，是經能與眾生快樂，是經能令地獄、餓鬼、畜生諸河焦乾枯竭，是經能除一切怖畏，是經能卻他方怨賊，是經能除穀貴饑饉❸，是經能愈一切疫病，是經能滅惡星變異，是經能除一切憂惱。舉要言之，是經能滅一切眾生無量無邊百千苦惱。世尊！是金光明微妙經典，若在大眾廣宣說時，我等四王及餘眷屬，聞此甘露無上法味，增益身力，心進勇銳，具諸威德。世尊！我等四王，能說正法，修行正法，為世法王，以法治世。世尊！我等四王及天龍鬼神、乾闥婆、阿修羅、迦樓羅、緊那羅、摩睺羅伽，以法治世，遮諸惡鬼噉精氣者❹。世尊！我等四王二十八部諸鬼神等及無量百千鬼神❺，以淨天眼過於人眼，常觀擁護此閻浮提。世尊！是故我等名護世王。若此國土有諸衰耗、怨賊侵境、饑饉疾疫種種艱難，若有比丘受持是經，我等四王當共勸請，令是比丘以我等力故，疾往彼所國邑郡縣❻，廣宣流布是金光明微妙經典，令如是等種種百千衰耗之事悉皆滅盡。世尊！如諸國王所有土境，是持經者若至其國，是王應當往是人所，聽受如是微妙經典，聞已歡喜，復當護念、恭敬是人。世尊！我等四王，復當勤心擁護是王及國人民，為除衰患，令得安隱。世尊！若有比丘、比丘尼、優婆塞、優婆夷受持是經，若諸人王有能供給，施其所安，我等四王亦當令是王及國人民一切安隱，具足無患。世尊！若有四眾受持讀誦是妙經典❼，若諸人王有能供養恭敬，尊重讚歎，我等四王，亦復當令如是人王於諸王中常得第一供養恭敬，尊重讚歎，亦令餘王欽尚羨慕，稱讚其善。」

【譯文】

這時北方多聞天王、東方持國天王、南方增長天王、西方廣目天王，都從座位上起來，偏袒右肩，右膝著地，向佛合掌頂禮後說：「世尊！這部《金光明》微妙經典、眾經之王，為諸佛世尊之所護念，能夠莊嚴菩薩的深妙功德，常為諸天之所恭敬，能令天王心生歡喜，也為護世四天王之所讚歎。這部經能夠照耀諸天的宮殿，能夠給予眾生快樂，能夠令地獄、餓鬼、畜生三惡道之流乾涸枯竭，能夠除去眾生的一切怖畏，能夠退卻他方的怨賊，能夠消除災荒飢餓，能夠治癒一切疫病，能夠滅除惡星變異，能夠去除眾生的一切憂惱。舉要言之，這部經能夠滅除一切眾生無量無邊的苦惱！世尊！這部《金光明》微妙經典，若在大眾中廣為宣說的時候，我等四天王及眷屬部從，聽聞這個無上甘露法味之後，增益了身心力量，變得勇猛無畏，具足種種威德。世尊！我們四天王，能說正法，修行正法，為世間的法王，以正法治世。世尊！我們四天王及天龍鬼神、乾闥婆、阿修羅、迦樓羅、緊那羅、摩睺羅伽等，以正法治理世間，阻止那些惡鬼奪吸人的精氣。世尊！我們四天王及二十八部鬼神以及無量百千的鬼神等，因為我們的淨天眼超過人間的眼睛，常常用天眼觀察人間的善惡，擁護閻浮提世界。世尊！因此我們也有護世王的稱號。如果此國土有諸如衰耗、怨賊侵境、饑饉疾疫等種種艱難的時候，如果有比丘受持這部經，我等四天王將一起去勸請，以我們勸請力的緣故，使得這位比丘趕快前往那個有災難的國土郡縣，廣為宣說流布這部《金光明》微妙經典，使得種種的衰耗之事全部滅除無餘。世尊！各個國王的土地上，如果有受持這部經的人到了這個國土，國王應當前往此人的住所聽聞受持這部經典；聽了以後歡喜踴躍，還應當護念恭敬此人。世尊！我們四天王就會盡心盡力擁護這個國王和國中的人民，讓他們滅除衰耗之患，得到安穩之樂。世尊！如果有比丘、比丘尼、優婆塞、優婆夷受持這部經，如果國王能夠供給布施，讓他們得到安樂，我們四天王也會讓這個國王以及國中的人民得到一切的安樂，沒有任何憂難。世尊！若有四眾弟子受持讀誦這部微妙經典，如果有國王能夠供養受持此經者，對他們恭敬、尊重、讚歎，我們四天王也將讓這個國王在諸國王中經常得到第一等的供養及恭敬、尊重、讚歎，使其他國王都欽佩羨慕，稱讚他的德行。」

【注釋】

❶ 毘沙門天王、提頭賴吒天王、毘留勒叉天王、毘留博叉天王：即四大天王，分別為北方多聞天王、東方持國天王、南方增長天王、西方廣目天王。各率部眾守護一方，故又稱護世四天王。為佛教世界觀中欲界天四大王天的天主，居須彌山腰四方，率部屬護持佛法。《四天王經》載，四天王皆從屬於帝釋天。

❷ 護世：又作「護國四王」、「四大天王」。四天王因常守護佛法，護持四天下，令諸惡鬼神不得侵害眾生，故稱「護世」，又稱「護國」。

❸ 饉：饑荒。

❹ 噉：「啖」的異體字。即「吞食」。

❺ 二十八部：指下文說到的正了知散脂大將所率領的二十八部藥叉鬼神眾。依義淨譯《正了知王藥叉眷屬法》及不空譯《孔雀經》所載，四方各有一大將各自統領五百眷屬二十八部眾。二十八部眾為四方各四部、思維四部、地上四部、空中四部，共二十八部。這些部眾又都歸四大天王統轄。本經一般把二十八部眾與散脂大將連在一起說，意為由散脂大將統率的二十八部眾。

❻邑：指國都或諸侯國。又大曰都，小曰邑，泛指村落、城鎮。
❼四眾：即比丘、比丘尼、優婆塞、優婆夷。

爾時世尊讚歎護世四天王等：「善哉！善哉！汝等四王，過去已曾供養恭敬、尊重讚歎無量百千萬億諸佛，於諸佛所種諸善根，說於正法，修行正法，以法治世，為人天王。汝等今日長夜利益於諸眾生，行大悲心，施與眾生，一切樂具，能遮諸惡，勸與諸善；以是義故，若有人王能供養恭敬此金光明微妙經典，汝等正應如是護念，滅其苦惱，與其安樂。汝等四王及諸眷屬，無量無邊百千鬼神，若能護念如是經者，即是護持去來現在諸佛正法。汝等四王及餘天眾百千鬼神與阿修羅共戰鬪時，汝等諸天常得勝利。汝等若能護念此經，悉能消伏一切諸苦，所謂怨賊、饑饉、疾疫，若四部眾有能受持讀誦此經，汝等亦應勤心守護，為除衰惱，施與安樂。」

【譯文】

這時，世尊讚歎護世四天王說：「善哉！善哉！你們四天王，過去已經供養恭敬、尊重讚歎過無量百千萬億的諸佛，在諸佛那裡種下了種種善根，宣說正法，修行正法，以正法治世，作世間天王。

你們長久以來，常常想著利益眾生，起大悲心，施與眾生一切安樂，阻止各種惡行，增長各種善法，因為這個緣故，如果有國王能供養恭敬這部《金光明經》，你們應該給予護念，滅除他們的苦惱，給予他們安樂。四天王及無量無邊的眷屬部從鬼神，若能護念這部經，即是護持過去未來現在諸佛的正法；四天王及其他天眾、百千鬼神等，一起與阿修羅戰鬥時，諸天常得勝利。你們若能護念這部經，能夠消除一切的苦難，比如怨賊、饑饉、疾疫等。若四部弟子有能受持讀誦此經的，你們也應盡心守護，為他們除去憂惱，獲得安樂。」

爾時四王復白佛言：「世尊！是金光明微妙經典，於未來世，在所流布，若國土城邑、郡縣村落，隨所至處，若諸國王以天律治世，復能恭敬至心聽受是妙經典，并復尊重供養、供給持是經典四部之眾，以是因緣，我等時時得聞如是微妙經典，聞已即得增益身力，心進勇銳，具諸威德。是故我等及無量鬼神，常當隱形，隨其妙典所流布處而作擁護，令無留難；亦當護念聽是經典諸國王等及其人民，除其患難，悉令安隱，他方怨賊，亦使退散。若有人王聽是經時，鄰國怨敵興如是念，當具四兵壞彼國土。世尊！以是經典威神力故，爾時鄰敵更有異怨為作留難，於其境界起諸衰惱、災異、疫病。爾時怨敵起如是等諸惡事已，備具四兵，發向是國，親往討伐，我等爾時當與眷屬無量無邊百千鬼神，隱蔽其形，為作護助，令彼怨敵自然退散，起諸怖懼，種種留難。彼國兵眾尚不能到，況復當能有所破壞。」

【譯文】

那時，四天王又對佛說：「世尊！這部《金光明》微妙經典，在未來世中，所流布的地方，如城市都邑、郡縣村落等，隨這部經所在之處，如果諸國王能夠以天律治理世間，復能至心恭敬聽受這部經典，並且還尊重供養、供給受持這部經典的四部眾，因為這個因緣，我們能夠時時聽聞這部微妙經典，聽聞之後就增益了身心力量，勇猛無畏，具足種種威德。所以，四天王率無量的鬼神，隨這部經典流布之處，經常隱形而作擁護，使該地沒有任何憂難。也護念聽聞這部經典的各個國王和人民，除去他們的患難，讓他們都得到安樂，他方的怨賊敵人也使其退散。如果有國王聽這部經時，鄰國的怨敵起念想：可以發起象、馬、車、步四兵襲擊其國土。世尊！因為這部《金光明經》威神力的緣故，這時，鄰國敵人突然出現異常怨敵造作災難之事，擾亂其國，在國中引起種種的災異、流行疾疫等衰敗憂惱事；這時，如果怨敵在發生這麼多內亂變故的情況下依然發出四兵，向這個國家進兵征伐，我們這時將與成百上千、無量無邊的鬼神部從，於無形中幫助保護這個國家，讓怨敵的兵眾中生起種種恐怖畏懼，遇到種種的阻難，自然退散。敵國的兵眾尚不能到，何況能夠有所破壞。」

爾時佛讚四天王等：「善哉！善哉！汝等四王，乃能擁護我百千億那由他劫所可修習阿耨多羅三藐三菩提，及諸人王受持是經恭敬供養者，為消衰患，令其安樂。復能擁護宮殿舍宅，城邑村落，國土邊疆，乃至怨賊悉令退散，滅其衰惱，令得安隱。亦令一切閻浮提內所有諸王無諸凶衰鬪訟之事。四王當知，此閻浮提八萬四千城邑聚落、八萬四千諸人王等，各於其國娛樂快樂，各各於國而得自在；於自所有錢財珍寶，各各自足，不相侵奪，如其宿世所修集業，隨業受報，不生惡心，貪求他國；各各自生利益之心，生於慈心、安樂之心、不諍訟心、不破壞心、無繫縛心、無楚撻心❶，各於其土，自生愛樂，上下和睦，猶如水乳，心相愛念，增諸善根。以是因緣故，此閻浮提安隱豐樂，人民熾盛，大地沃壤，陰陽調和，時不越序，日月星宿不失常度，風雨隨時，無諸災橫；人民豐實，自足於財，心無貪吝，亦無嫉妒，等行十善；其人壽終多生天上，天宮充滿，增益天眾。若未來世有諸人王聽是經典，及供養恭敬受持是經四部之眾❷，是王則為安樂利益汝等四王及餘眷屬無量百千諸鬼神等。何以故？汝等四王，若得時時聞是經典，則為已得正法之水，服甘露味，增益身力，心進勇銳，具諸威德。是諸人王，若能至心聽受是經，則為已能供養於我，若供養我則是供養過去未來現在諸佛，若能供養過去未來現在諸佛，則得無量不可思議功德之聚。以是因緣，是諸人王應得擁護，及后妃婇女、中宮眷屬、諸王子等亦應得護❸，衰惱消滅，快樂熾盛；宮殿堂宇安隱清淨，無諸災變，護宅之神增長威德，亦受無量歡悅快樂。是諸國土所有人民，悉受種種五欲之樂，一切惡事悉皆消滅。」

【譯文】

這時佛稱讚四天王等說：「善哉！善哉！你們四天王，能夠擁護我百千億那由他劫所應修習阿耨多羅三藐三菩提，並擁護受持及恭敬供養這部經的國王，為他們消除患難，得到安樂；又能夠保護宮殿宅舍、城鎮村落、國土邊疆，使得怨賊敵人都退散，滅除國中人民的衰耗煩惱，使他們得到安穩；也使得南閻浮提內所有國王沒有兇險、衰敗、爭訟、戰鬥之事。四天王你們應當知道，此南閻浮提的八萬四千城鎮村落、八萬四千大小國王等，各自在其國內歡娛快樂，各在國內得到自在；各自擁有豐足的錢財珍寶，都心懷自足，不相侵奪。能夠各自安於過去世所修福業而領受的現世果報，不生惡心，貪求他國的豐足受用。各自生出利益他人的心、慈悲的心、安樂的心、不諍訟的心、不破壞的心、無繫縛鞭撻他人的心。各在他們的土地上，生出愛樂之心，上下和睦相處，猶如水乳交融，心相愛念，增長善根。由於這個因緣，南閻浮提安穩豐樂，人口繁多，土地肥沃，陰陽調和，時不越序。日月星宿，不失常度，風雨隨時，無諸災橫。人民豐實，自足於財，心無貪吝，亦無嫉妒，都能夠平等地奉行十善業。人命壽終的時候，多數生於天上，使得天眾增加，天宮充滿。如果未來世的時候，若有國王聽聞這部經典，以及恭敬供養受持這部經的四部眾，這個國王將為四天王及無量百千的鬼神眷屬部從等帶來安樂和利益。為什麼呢？你們四天王，如果能夠時時聽聞這部經典，即是得到了正法之水、甘露上味的滋潤，增益了身心力量，勇猛無畏，具足種種威德。這些國王，如果能至心聽聞受持這部經，即是已經供養了我，如果供養我，即是供養過去未來現在諸佛，如果供養過去未來現在諸佛，就會得到無量不可思議的大功德之匯聚。因為這個因緣，這些國王應得到擁護，以及後宮的妃嬪宮女眷屬和諸王子等也應得到擁護，使得衰敗煩惱消滅，快樂增盛。宮殿堂宇安穩清淨，沒有任何災變，護宅之神也增長威德，也受到無量的歡悅快樂。這個國土的所有人民都享受種種五欲快樂，一切惡事全部消滅。」

【注釋】

❶ 撻：用鞭子或棍子打。

❷ 四部之眾：指佛弟子的出家二眾（比丘、比丘尼）和在家二眾（優婆塞、優婆夷）。

❸ 婇女：即「采女」。原為漢代六宮的一種稱號，因其選自民家，故曰「婇女」。後用作宮女的通稱。中宮：皇后居住之處。因以借指皇后。

爾時四天王白佛言：「世尊！未來之世，若有人王欲得護身及后妃婇女、諸王子等、宮殿屋宅，得第一護，身所王領，最為殊勝，具不可思議王者功德，欲得攝取無量福聚，國土無有他方怨賊，無諸憂惱及諸苦事。世尊！如是人王，不應放逸散亂其心，應生恭敬謙下之心，應當莊嚴第一微妙最勝宮宅，種種香汁持用灑地，散種種華，敷大法座師子之座，兼以無量珍奇異物而為校飾，張施種種無數微妙幢幡寶蓋。當淨洗浴，以香塗身，著好淨衣，纓絡自嚴，坐卑小座，不自高大；除去自在；離諸放逸，謙下自卑，除去驕慢，正念聽受，如是妙典，於說法者，生世尊想。復於宮內后妃王子婇女眷屬生慈哀心，和顏與語，勸以種種供養之具供養法師。是王爾時既勸化已，即生無量歡喜快樂，心懷悅豫，倍復自勵，不生疲倦，多作利益，於說法者倍生恭敬。」

【譯文】

此時四大天王又對佛說：「世尊！未來世的時候，如果有國王想要保護自身以及後宮的妃嬪宮女、諸王子和宮殿屋宅，得到最上第一的護佑，所治理的國土最為殊勝安樂，具有不可思議的王者功德，想要獲得無量的福德，國土中沒有他方怨敵的侵擾，也沒有任何憂惱痛苦之事。世尊！如果國王想要得到這樣的殊勝功德，就不要放逸散亂自心，應生恭敬謙下的心，布置一個微妙最勝、第一莊嚴的宮殿，以種種香汁灑地，散種種鮮花，敷設大獅子法座，座上裝飾以無量的珍奇寶物，懸掛種種無數的微妙幢幡、寶蓋。洗浴淨潔，以香塗身，穿著新淨衣，佩戴瓔珞；坐卑小座，不自高自大。捨去隨意，遠離放逸，謙下自卑，除去驕慢，正念聽受這部妙典，把說法法師視作如同世尊一樣。又於宮內的后妃、王子、宮女眷屬等，生哀愍慈悲之心，和顏軟語，勸他們以種種供養之具供養法師。這個國王在勸化供養之後，即生出無量的歡喜快樂，歡悅盈懷，倍加自勵，沒有疲倦，多作供養利益，對說法法師倍生恭敬。」

爾時佛告四天大王：「爾時人王應著白淨鮮潔之衣，種種纓絡齊整莊嚴，執持素帛微妙上蓋，服飾容儀不失常則，躬出奉迎說法之人。何以故？是王如是隨其舉足步步之中，即是供養值遇百千億那由他諸佛世尊，復得超越如是等劫生死之難，復於來世爾所劫中，常得封受轉輪王位。隨其步步，亦得如是現世功德不可思議自在之力。常得最勝極妙七寶人天宮殿，在在生處，增益壽命，言語辯了，人所信用；無所畏忌，有大名稱，常為人天之所恭敬，天上人中受上妙樂；得大勢力，具足威德，身色微妙，端嚴第一；常值諸佛，遇善知識，成就具足，無量福聚。汝等四天王！如是人王見如是等種種無量功德利益，是故此王應當躬出奉迎法師，若一由旬至百千由旬❶，於說法師應生佛想。應作是念，今日釋迦如來正智入於我宮，受我供養，為我說法，我聞是法即不退轉於阿耨多羅三藐三菩提，已為得值百千萬億那由他佛，已為供養過去未來現在諸佛，已得畢竟三惡道苦，我今已種百千無量轉輪聖王釋梵之因，已種無邊善根種子，已令無量百千萬億諸眾生等度於生死，已集無量無邊福聚，後宮眷屬已得擁護，宮宅諸衰悉已消滅，國土無有怨賊棘刺，他方怨敵不能侵陵。汝等四王！如是人王應作如是供養正法，清淨聽受是妙經典，及恭敬供養、尊重讚歎持是經典四部之眾，亦當迴此所得最勝功德之分，施與汝等及餘眷屬諸天鬼神，聚集如是諸善功德，現世常得無量無邊不可思議自在之利，威德勢力成就具足，能以正法摧伏諸惡。」

【譯文】

這時佛又對四大天王說：「這時那個國王應該穿著白淨鮮潔的衣服，佩戴種種瓔珞，齊整莊嚴，親手執持素白微妙寶傘蓋，服飾儀容具足國王的儀仗，親自出宮奉請迎接說法法師。為什麼要這樣做呢？如果這個國王這樣做，那麼他在舉足下足的步步之中，即是供養、承事百千億那由他的諸佛世尊，同時也得以超越同等劫數的生死之難，又於來世同樣的劫數之中，常得到轉輪王尊位；隨著他舉足下足的步步之中，也得到了現世不可思議的功德和自在之力，經常得到最勝極妙的七寶人天宮殿，所在生處，壽命增益，言語清辯，人所信用；無所畏懼，有大名稱，常為人天所恭敬。天上人中享受上妙快樂；得大勢力，具足威德，身相奇妙，端嚴無比；常值遇諸佛，遇到善知識，成就具足無量的福聚。四天王啊！這個國王見到這樣無量種種的功德利益，應當親自奉迎法師，從一由旬至百千由旬，於說法師應生佛想。應這樣觀想，今天是釋迦牟尼如來正遍知來到我宮殿，受我供養，為我說法，我聞法後，即不退轉於阿耨多羅三藐三菩提，即是值遇百千萬億那由他的佛，即是供養過去未來現在諸佛，已經究竟脫離三惡道苦；我今天已經種下了百千無量的轉輪聖王及帝釋天主、大梵天主的因，已種下了無量的善根種子，已使得無量百千萬億的眾生度脫生死，已聚集了無量無邊的福德；後宮眷屬已得到擁護，宮殿屋宅的種種衰敗悉已消滅，國土沒有如棘刺般的怨賊，他方的敵人也不能侵擾。四天王啊！這個國王應該這樣供養正法，以清淨的因緣聽受這部微妙經典，並恭敬供養、尊重讚歎受持這部經典的四部眾，也應該把所得最勝功德的一部分迴向布施給你們四天王及眷屬部從等諸天鬼神，聚集不可思議的善法功德，現世常得無量無邊不可思議的自在之利，威德勢力成就具足，能以正法摧伏諸惡。」

【注釋】

❶由旬：印度的里程單位。梵語yojana，又譯作「踰繕那」、「踰闍那」等。意譯為「一程」。原指牡牛掛軛行走一日的里程。但有關此一日里程的距離，有四十里、三十二里、十六里、十二里等多種說法。

爾時四王白佛言：「世尊！若未來世有諸人王作如是等恭敬正法，至心聽受是妙經典，及恭敬供養尊重讚歎持是經典四部之眾，嚴治舍宅，香汁灑地，專心正念聽說法時，我等四王亦當在中共聽此法，願諸人王為自利故，以己所得功德少分施與我等。世尊！是諸人王於說法者所坐之處，為我等故燒種種香供養是經，是妙香氣於一念頃即至我等諸天宮殿，其香即時變成香蓋，其香微妙，金色晃耀，照我等宮，釋宮、梵宮，大辯天神、功德天神、堅牢地神、散脂鬼神最大將軍、二十八部鬼神大將、摩醯首羅、金剛密迹、摩尼跋陀鬼神大將、鬼子母與五百兒子周匝圍繞、阿耨達龍王、娑竭羅龍王，如是等眾自於宮殿各各得聞是妙香氣，及見香蓋光明普照，是香蓋光明亦照一切諸天宮殿。」佛告四王：「是香蓋光明非但至汝四王宮殿。何以故？是諸人王手擎香爐供養經時❶，其香遍布，於一念頃遍至三千大千世界；百億日月、百億大海、百億須彌山、百億大鐵圍山小鐵圍山及諸山王、百億四天下、百億四天王、百億三十三天、乃至百億非想非非想天❷，於此三千大千世界百億三十三天，一切龍、鬼、乾闥婆、阿修羅、迦樓羅、緊那羅、摩睺羅伽宮殿，虛空悉滿種種香煙雲蓋，其蓋金光亦照宮殿。如是三千大千世界所有種種香煙雲蓋，皆是此經威神力故。是諸人王手擎香爐供養經時，種種香氣不但遍此三千大千世界，於一念頃亦遍十方無量無邊恆河沙等百千萬億諸佛世界，於諸佛上虛空之中亦成香蓋，金光普照，亦復如是。諸佛世尊聞是妙香，見是香蓋及金色光，於十方界恆河沙等諸佛世界，作如是等神力變化已，異口同音於說法者稱讚：善哉善哉！大士！汝能廣宣流布如是甚深微妙經典，則為成就無量無邊不可思議功德之聚。若有聞是甚深經典所得功德則為不少，況持讀誦為他眾生開示分別演說其義。何以故？善男子！此金光明微妙經典，無量無邊億那由他諸菩薩等若得聞者，即不退於阿耨多羅三藐三菩提。」爾時十方無量無邊恆河沙等諸佛世界現在諸佛，異口同聲作如是言：「善男子！汝於來世必定當得坐於道場菩提樹下，於三界中最尊最勝，出過一切眾生之上。勤修力故，受諸苦行，善能莊嚴菩提道場，能壞三千大千世界外道邪論，摧伏諸魔怨賊異形，覺了諸法第一寂滅清淨無垢甚深無上菩提之道。善男子！汝已能坐金剛座處❸，轉於無上諸佛所讚十二種行甚深法輪❹，能擊無上最大法鼓，能吹無上極妙法螺，能豎無上最勝法幢，能然無上極明法炬，能雨無上甘露法雨，能斷無量煩惱怨結，能令無量百千萬億那由他眾度於無涯可畏大海，解脫生死無際輪轉，值遇無量百千萬億那由他佛。」

【譯文】

這時四天王對佛說：「世尊！如果未來世有國王如此恭敬正法，至心聽受這部微妙經典，並恭敬供養、尊重讚歎受持這部經典的四部眾，布置莊嚴的宮殿，香汁灑地等等，這樣專心正念聽聞說法的時候，我們四天王也會在其中一起聽聞這部經法；願諸國王為了自利，把自己所得的功德少分些許回向布施給我們。世尊！這些國王在說法法師所坐之處，為我們燒種種名香，供養此經。此妙香氣，在一念之間即到達我們諸天的宮殿，這時香氣都變成香蓋，香氣微妙，金色晃耀，照耀我們的宮殿，乃至帝釋天、大梵天、大辯天神、功德天神、堅牢地神、散脂鬼神最大將軍、二十八部鬼神大將、摩醯首羅、金剛密迹、摩尼跋陀鬼神大將、鬼子母及五百兒子周匝圍繞、阿耨達龍王、娑竭羅龍王等諸天部眾，也各自在宮殿中聞到了妙香氣，並看到香蓋光明普照。這個香蓋的光明也照耀了一切諸天的宮殿。」佛告訴四天王說：「這個香蓋的光明，不是只到達你們四天王的宮殿。為什麼呢？當這個國王手端香爐供養這部經的時候，香氣遍布，於一念之間遍至三千大千世界；百億日月、百億大海、百億須彌山、百億大鐵圍山、小鐵圍山及諸山王，百億四天下、百億四天王、百億三十三天、乃至百億非想非非想天，於此三千大千世界百億三十三天，一切龍、鬼、乾闥婆、阿修羅、迦樓羅、緊那羅、摩睺羅伽的宮殿虛空中，都布滿了種種的香雲蓋，發出金光，照耀宮殿。這樣三千大千世界中所有的種種香雲蓋，都是此經威神力的緣故。當國王手端香爐供養這部經的時候，種種香氣不但遍至三千大千世界，也於一念間遍至十方無量無邊恆河沙等百千萬億的諸佛世界，在諸佛世界的虛空中，也形成香蓋，也是金光普照。諸佛世尊聞到了妙香，見到了這個香蓋及金色光，在十方界恆河沙等諸佛世界中做這樣的神力變化，都異口同聲地對說法者給予稱讚：善哉！善哉！大士！你能廣宣流布這樣的甚深微妙經典，將會成就無量無邊不可思議的功德之聚。如果有人能夠聽聞到這部甚深經典，所得的功德即為不少，何況能夠受持、讀誦，為其他眾生開示，分別演說其義。為什麼呢？善男子，這部《金光明》微妙經典，無量無邊億那由他的諸菩薩等，如果聽聞到，即不退轉於阿耨多羅三藐三菩提。」這時，十方無量無邊恆河沙諸佛世界中的現在諸佛，都異口同聲說：「善男子！你於來世必定當得坐於道場菩提樹下，於三界中最尊最勝，出過一切眾生之上，勤修諸法，行諸苦行，以善德莊嚴菩提道場，能夠摧破三千大千世界的一切外道邪論，摧伏一切可畏形狀的魔軍怨賊等，覺了諸法第一寂滅、清淨無垢、甚深無上的正等菩提。善男子！你將坐於金剛座上，轉於諸佛所讚無上十二妙行甚深法輪，能擊無上最大法鼓，能吹無上極妙法螺，能豎無上最勝法幢，能燃無上極明法炬，能降無上甘露法雨，能斷無量煩惱怨結；能令無量百千萬億那由他的眾生，度於無涯可畏大海，解脫生死無際輪迴，值遇無量百千萬億那由他諸佛。」

【注釋】

❶ 擎：持舉。

❷ 鐵圍山：又作「鐵輪圍山」、「輪圍山」。佛教的世界觀以須彌山為中心，其周圍共有八山八海圍繞，最外側圍繞須彌四洲外海之山為鐵所成之山，稱鐵圍山。或謂大中小三千世界，各有大中小之鐵圍山環繞。三十三天：即忉利天。在佛教的宇宙觀中，此天位居欲界第二天的須彌山頂上，中央宮殿（善見城）為帝釋天所住，四方各有八城，加中央一城，合為三十三天城。非想非非想天：又作非非想天、非有想非無想處天、非想非非想處天。乃無色界之第四天，無色相，以所繫的受想行識等四蘊為其自性。此天位於三界九地之頂上，故又稱有頂天。

❸ 金剛座：指佛陀成道時所坐之座，位於中印度摩揭陀國伽耶城南之菩提樹下。以其猶如金剛一般堅固不壞，故稱「金剛座」。據《大唐西域記》卷八載，菩提樹垣正中有金剛座，昔賢劫初成

時，與大地俱起，據三千大千世界中，下極金輪，上侵地際，金剛所成，周百餘步，賢劫千佛坐之而入金剛定，故稱金剛座。

❹十二種行甚深法輪：指佛成道後最初在鹿野苑為五比丘說法，三轉四諦法輪，即示轉四相、勸轉四相、證轉四相，故有十二行相。

爾時四天王復白佛言：「世尊！是金光明微妙經典，能得未來現在種種無量功德。是故人王若得聞是微妙經典，則為已於百千萬億無量佛所種諸善根，我以敬念是人王故，復見無量福德利故，我等四王及餘眷屬無量百千萬億鬼神，於自宮殿見是種種香煙雲蓋瑞應之時，我當隱蔽不現其身，為聽法故，當至是王所，至宮殿講法之處。大梵天王、釋提桓因、大辯天神、功德天神、堅牢地神、散脂鬼神大將軍等二十八部鬼神大將、摩醯首羅、金剛密迹、摩尼跋陀鬼神大將、鬼子母及五百兒子周匝圍繞、阿耨達龍王、娑竭羅龍王、無量百千萬億那由他鬼神諸天❶，如是等眾為聽法故，悉自隱蔽不現其身，至是人王所止宮殿講法之處。世尊！我等四王及餘眷屬無量鬼神，悉當同心以是人王為善知識，同共一行，善相應行，能為無上大法施主，以甘露味充足我等，我等應當擁護是王，除其衰患，令得安隱，及其宮宅國土城邑諸惡災患，悉令消滅。世尊！若有人王，於此經典心生捨離，不樂聽聞，其心不欲恭敬供養尊重讚歎，若四部眾有受持讀誦講說之者，亦復不能恭敬供養尊重讚歎，我等四王及餘眷屬無量鬼神即便不得聞此正法，背甘露味，失大法利，無有勢力及以威德，減損天眾，增長惡趣。世尊！我等四王及無量鬼神捨其國土，不但我等，亦有無量守護國土諸舊善神皆悉捨去。我等諸王及諸鬼神既捨離已，其國當有種種災異，一切人民失其善心，唯有繫縛瞋恚鬪諍❷，互相破壞，多諸疾疫，彗星現怪，流星崩落，五星諸宿違失常度，兩日并現，日月薄蝕❸，白黑惡虹數數出現，大地震動，發大音聲，暴風惡雨，無日不有，穀米勇貴，饑饉凍餓，多有他方怨賊侵掠其國，人民多受苦惱。其地無有可愛樂處。世尊！我等四王及諸無量百千鬼神并守國土諸舊善神遠離去時，生如是等無量惡事。世尊！若有人王，欲得自護及王國土多受安樂，欲令國土一切眾生悉皆成就具足快樂，欲得摧伏一切外敵，欲得擁護一切國土，欲以正法正治國土，欲得除滅眾生怖畏。世尊！是人王等應當必定聽是經典，及恭敬供養讀誦受持是經典者。我等四王及無量鬼神以是法食善根因緣，得服甘露無上法味，增長身力，心進勇銳，增益諸天。何以故？以是人王至心聽受是經典故，如諸梵天說出欲論，釋提桓因種種善論，五通之人神仙之論❹。世尊！梵天、釋提桓因、五神通人雖有百千億那由他無量勝論，是金光明於中最勝。所以者何？如來說是金光明經，為眾生故，為令一切閻浮提內諸人王等以正法治，為與一切眾生安樂，為欲愛護一切眾生，欲令眾生無諸苦惱，無有他方怨賊棘刺，所有諸惡背而不向，欲令國土無有憂惱，以正法教，無有諍訟。

是故人王各於國土，應然法炬，熾然正法，增益天眾。我等四王及無量鬼神，閻浮提內諸天善神，以是因緣得服甘露法味充足，得大威德進力具足，閻浮提內安隱豐樂，人民熾盛，安樂其處。復於來世無量百千不可思議那由他劫，常受微妙第一快樂。復得值遇無量諸佛，種諸善根，然後證成阿耨多羅三藐三菩提。得如是等無量功德，悉是如來正遍知說。如來過於百千億那由他諸梵天等，以大悲力故；亦過無量百千億那由他釋提桓因，以苦行力故。是故如來為諸眾生演說如是金光明經。若閻浮提一切眾生及諸人王，世間出世間所作國事，所造世論皆因此經。欲令眾生得安樂故，釋迦如來示現是經廣宣流布。世尊！以是因緣故，是諸人王應當必定聽受供養恭敬尊重讚歎是經。」

【譯文】

這時四天王又對佛說：「世尊！這部《金光明》微妙經典，能得未來現在種種的無量功德。因此國王若是聽聞這部微妙經典，即是已經於百千萬億無量佛所種下了種種善根。我因為敬念這個國王，也因為將獲無量福德利益的緣故，我們四天王及眷屬，還有無量百千萬億的鬼神，在自己的宮殿看到種種香雲蓋瑞應之時，即隱蔽不現身形，為了聽法，來到國王宮殿的講法之處。大梵天王、帝釋天王、大辯天神、功德天神、堅牢地神、散脂鬼神大將軍等二十八部鬼神大將、摩醯首羅、金剛密迹、摩尼跋陀鬼神大將、鬼子母及五百兒子周匝圍繞、阿耨達龍王、娑竭羅龍王等無量百千萬億那由他的鬼神諸天等眾，也為了聽法，都隱蔽不現身形，來到國王宮殿的講法之處。世尊！我等四天王及餘眷屬無量鬼神，都善行相應，一心以這位國王為善知識，能作為無上大法的施主，以甘露法味令我們充足，我們應當擁護此王，除去衰患，令得安穩，所有國土城邑宮宅的各種災患惡事，全部令其消滅。世尊！若有國王，對這部經典心生捨離，不樂聽聞，心中不願意恭敬供養、尊重讚歎這部經，四部眾中有受持讀誦講說者也不能恭敬供養、尊重讚歎，我等四天王及餘眷屬無量鬼神，便不能聽聞到這一正法，得不到甘露法味滋潤，失去聽聞大法的利益，不能增長勢力及威德，使得天眾減少，惡趣增長。世尊！我等四天王及無量鬼神即捨離他的國土，不但我們捨離而去，無量守護國土的諸舊善神也都捨離而去。我等諸天王及諸鬼神既捨離之後，這個國土當有種種災異，一切人民失去善心，唯有煩惱繫縛身心，瞋恨鬥爭，互相謀害，疾疫流行，彗星出現，流星崩落，五星諸宿失去常度，兩日並現，日月薄蝕，白黑二惡虹屢屢出現；大地震動，發出大音聲，暴風惡雨，無日不有，穀米短缺，價格昂貴，人民遭受饑饉凍餓；他方怨敵乘機侵掠其國，人民多受苦難。這個國土沒有任何安樂之處！世尊！我等四天王及諸無量百千鬼神，並守護國土的諸舊善神，遠離捨去國土時發生這樣的無量惡事。世尊！若有國王想自身得到保護及王國土中多有安樂，想使國土中的一切眾生都具足快樂，想摧伏一切外敵，使得一切國土得到保護，想以正法治理國土，除滅眾生的所有怖畏。世尊！這個國王應當要聽聞這部經典，並恭敬供養讀誦受持這部經典的人。我等四天王及無量鬼神，因為聽聞《金光明經》的法食因緣，得服無上甘露法味，增長身心力量，勇猛無畏，諸天得到增益。為什麼呢？因為這位國王至心聽受這部經典的緣故。如大梵天說出的種種出欲論、帝釋天說出的種種善論、具有五神通的人說出的神仙之論，世尊！大梵天、帝釋天及具有五神通的人，雖然也有百千億的無量論說，然而在各種論說中《金光明經》最為殊勝。為什麼呢？如來說這部《金光明經》，為了一切眾生的緣故。為了令一切南閻浮提的國王以正法治世，為了給予一切眾生安樂，為了保護一切眾生，使得眾生沒有任何苦惱，沒有他方怨敵的侵擾；所有諸惡悉皆離去，使得國土沒有憂惱，以正法教化，沒有諍訟相鬥。所以，國王各於國土，應當燃大法炬，興隆正法，增益天眾。我等四天王及無量鬼神、南閻浮提的諸天善神，因為這個因緣，得服甘露法味，得大威德，種種勢力具足，南閻浮提內安穩豐樂，人民繁盛，普得安樂。又於未來世無量百千不可思議那由他劫數，常受微妙第一快樂。又得值遇無量諸佛，種下種種善根，然後證成阿耨多羅三藐三菩提。這樣種種無量的功德，都是如來正遍知宣說的。如來以大悲力超過百千億那由他的梵天眾，以苦行力勝過無量百千億那由他的帝釋天眾，所以如來為諸眾生，演說這部《金光明經》。閻浮提一切眾生及各位國王，所有世間出世間的正法治化之事，都依據此經。為了普令眾生得到安樂，釋迦如來宣說此經，廣為流布。世尊！因為這個因緣，世間國王應當一定要聽聞供養、恭敬尊重讚歎此經。」

【注釋】

❶ 釋提桓因：即忉利天（三十三天）的天主，略稱「帝釋」，又作「天帝釋」、「天主」。並有

「因陀羅」、「憍尸迦」、「娑婆婆」、「千眼」等異稱。住於須彌山頂上。忉利天含有三十三天宮，帝釋天住在中央的善見城（又作喜見城）統領一切，周圍環繞著三十二天宮，分別由三十二位輔臣鎮守。大辯天神：義淨譯「大辯才天女」。此天專以智慧辯才流通佛法。功德天神：義淨譯「大吉祥天女」。為施福德、財寶的女神。堅牢地神：乃主掌大地的女神。散脂鬼神大將軍：散脂，梵名Sajñeya，音譯「僧慎爾耶」。又作「散脂迦大將」、「散支大將」或「散脂鬼神」，義淨譯為「僧慎爾耶藥叉大將」。意譯作「正了知」。係北方毘沙門天王八大將之一，二十八部眾之總司。此大將護持佛法不遺餘力，率二十八部藥叉諸神，隨處隱形擁護說法師及救護諸善男信女，離苦得樂。摩醯首羅：即大自在天。此天原為婆羅門教之主神濕婆，然進入佛教後，即成為佛教之守護神，稱為「大自在天」，住在第四禪天。金剛密迹：又稱「密迹金剛」、「密迹力士」、「金剛力士」、「金剛手」、「執金剛」等。總為執金剛杵現大威勢擁護佛法之天神的通稱。摩尼跋陀鬼神大將：夜叉八大將之一。譯曰「寶賢」、「滿賢」。鬼子母：夜叉女之一。音譯「訶利帝」、「訶利帝母」。意譯又作「歡喜母」、「愛子母」。《根本說一切有部毘奈耶雜事》卷三十一載，鬼子母神生五百子，因前生有惡邪願，故常啖食王舍城中之幼兒，人皆惡之而求佛。佛乃將鬼子母之幼子藏於缽中。鬼子母神不見其幼子，悲慟萬分。佛乃誡云：汝僅失五百子中之一小兒，猶憂傷若是，而汝食他人之子，其父母之苦如何？鬼子母神聞後皈佛，立誓為安產與幼兒之保護神，並接受佛陀「擁護諸伽藍及僧尼住處令得安樂」之咐囑。阿耨達龍王：八大龍王之一。「阿耨達」意為「無惱熱」或「清涼」。在一切馬形龍王中，其德最勝。因住阿耨達池（無熱池），離三患，故得此名。娑竭羅龍王：又作「娑伽羅龍王」。娑竭羅，意譯為海。八大龍王之一。依其所住之海而得名。龍宮居大海底，縱廣八萬由旬，七重宮牆，七重欄楯，七重羅網，七重行樹，周匝皆以七寶嚴飾，無數眾鳥和鳴。然諸龍皆為金翅鳥所食，僅娑竭羅龍王、難陀龍王等十六龍王倖免此難。此龍為降雨龍神，古來祈雨皆以之為本尊。

❷ 繫縛：又作「結縛」。指眾生之身心為煩惱、妄想或外界事物所束縛而失去自由，長時流轉於生死之中。

❸ 薄：迫近。蝕：虧缺。

❹ 五通之人：指修仙學而得五種神通的人。

爾時佛復告四天王：「汝等四王及餘眷屬無量百千那由他鬼神，是諸人王，若能至心聽是經典，供養恭敬尊重讚歎，汝等四王正應擁護，滅其衰患，而與安樂。若有人能廣宣流布如是妙典，於人天中大作佛事，能大利益無量眾生，如是之人，汝等四王必當擁護，莫令他緣而得擾亂，令心恬靜，受於快樂，續復當得廣宣是經。」

爾時四天王即從座起，偏袒右肩，右膝著地，長跪合掌，於世尊前以偈讚曰：

佛月清淨，滿足莊嚴，佛日暉曜，放千光明❶。
如來面目，最上明淨，齒白無垢，如蓮華根；
功德無量，猶如大海，智淵無邊，法水具足，
百千三昧，無有缺減；足下平滿，千輻相現❷，
足指網縵，猶如鵝王；光明晃耀，如寶山王，
微妙清淨，如煉真金，所有福德，不可思議，
佛功德山，我今敬禮。
佛真法身，猶如虛空，應物現形，如水中月，
無有障礙，如焰如化，是故我今，稽首佛月。

爾時世尊，以偈答曰：

此金光明，諸經之王，甚深最勝，為無有上，
十力世尊，之所宣說，汝等四王，應當勤護。
以是因緣，是深妙典，能與眾生，無量快樂，
為諸眾生，安樂利益，故久流布，於閻浮提，
能滅三千，大千世界，所有惡趣，無量諸苦。
閻浮提內，諸人王等，心生慈愍，正法治世，

若能流布，此妙經典，則令其土，安隱豐熟，
所有眾生，悉受快樂。
若有人王，欲愛己身，及其國土，欲令豐盛，
應當至心，淨潔洗浴，往法會所，聽受是經。
是經能作，所有善事，摧伏一切，內外怨賊，
復能除滅，無量怖畏。
是諸經王，能與一切，無量眾生，安隱快樂。
譬如寶樹，在人家中，悉能出生，一切珍寶，
是妙經典，亦復如是，悉能出生，諸王功德；
如清冷水，能除渴乏，是妙經典，亦復如是，
能除諸王，功德渴乏；譬如珍寶，異物篋器，
悉在於手，隨意所用，是金光明，亦復如是，
隨意能與，諸王法寶。
是金光明，微妙經典，常為諸天，恭敬供養，
亦為護世，四大天王，威神勢力，之所護持，
十方諸佛，常念是經。

若有演說，稱讚善哉，亦有百千，無量鬼神，
從十方來，擁護是人。
若有得聞，是妙經典，心生歡喜，踴躍無量，
閻浮提內，無量大眾，皆悉歡喜，集聽是經，
聽是經故，具諸威德，增益天眾，精氣身力。

爾時四天王聞是偈已，白佛言：「世尊！我從昔來未曾得聞如是微妙寂滅之法。我聞是已，心生悲喜，涕淚交流，舉身戰動，肢節怡解，復得無量不可思議具足妙樂。」以天曼陀羅華、摩訶曼陀羅華供養奉散於如來上❸。作如是等供養佛已，復白佛言：「世尊！我等四王，各各自有五百鬼神，常當隨逐是說法者而為守護！」

【譯文】

這時佛又告訴四天王說：「你們四天王及無量百千那由他鬼神眷屬，如果世間的人王能夠至心聽聞這部經典，供養恭敬、尊重讚歎，你們應當擁護，滅除他們的衰敗憂患，給予安樂。如果有人能夠廣為宣說流布這部經，於人天中大作佛事，能大利益無量眾生，這樣的人，四天王一定要擁護，不要讓其他的外緣來擾亂，使他的身心寂靜安樂，能夠繼續廣為宣說流布此經。」

這時四大天王即從座位起來，偏袒右肩，右膝著地，長跪合掌，在世尊前，以偈讚歎說：

佛月清淨具莊嚴，佛日暉耀千光明。
眉目修長若青蓮，齒白齊密如蓮根；
功德無量如大海，智慧無邊法水具。
百千三昧無缺減；足下平滿輻相現，
足指網縵如鵝王；佛身光耀如寶山，
微妙清淨融金聚，所有福德不思議，
佛功德山我敬禮！
佛真法身如虛空，應物現形如水月，
如焰如化不可測，故我稽首禮佛月！

這時世尊以偈回答說：

此《金光明》最勝經，甚深微妙無有上，
十力世尊所宣說，四大天王常擁護。
以此因緣令眾生，獲得無量安穩樂。
為利有情安樂故，常得流通南閻浮，
能滅三千大千界，所有惡趣無量苦。
南閻浮提諸國王，心念正法治世間，

若能流布此妙經，則令國土得豐熟，
所有眾生得安樂。
若有國王求尊貴，欲令國土常豐樂，
應當澡浴著淨衣，至心聽受此妙經，
隨心所願悉皆從，內外怨賊悉摧伏，
無量怖畏滅無餘。
由此最勝經王力，無量眾生得安穩。
猶如寶樹在家中，能生一切諸珍寶，
是妙經典亦如是，能與國王勝功德；
如清涼水除乾渴，是妙經典亦如是，
能與國王甘露味；如人室有珍寶篋，
隨意受用悉在手，是《金光明》亦如是，
能與國王如意寶。
是《金光明》妙經典，常為諸天所供養，
亦為護世四天王，威神勢力之護持。
十方常住一切佛，咸共護念此經王，

若有演說稱讚者，無量鬼神護是人。
若有人能聽此經，身心踴躍生歡喜，
閻浮提內無量眾，亦皆歡喜聽此經，
由聽經故具威德，增益一切天人眾。

這時，四大天王聽了偈語之後，對佛說：「世尊！我們往昔以來沒有聽聞過這樣甚深微妙的法。我們聽了以後，心生悲喜，涕淚交流，全身顫動，手足怡然，又得到了無量不可思議的妙樂。」於是以天曼陀羅華、大曼陀羅華，撒在世尊身上。這樣供養佛之後，又對佛說：「世尊！我們四大天王，各自有五百鬼神部從，將常常跟隨宣說此經的法師，並給予守護。」

【注釋】

❶佛月、佛日：佛月，喻應身；佛日，喻報身。《金光明經文句》：「初一行歎三身。夫三身有通別。依文是別：空是法身，日是報身，月是應身。通意者，空是法身，日是報身，水日是應身。空是法身，月是報身，水月是應身。……依結歎文，空是法身，月是報身，水月是應身。空是法身，日是報身，焰是應身。」

❷千輻相：指具足千輻輪之妙相，乃佛三十二相之一。又稱「足下輪相」、「足下千輻輪相」。即佛足下紋樣分明之千輻輪寶妙相。此相感得之業因，乃佛於過去世為父母、師長、善友乃至一切

眾生，往返奔走，作種種供養及布施之事。

❸曼陀羅華：又作「曼陀勒華」、「曼那羅華」等。意譯為「適意」、「悅意」、「雜色」等名。又稱「佛花」、「顛茄」、「悶陀羅草」、「天茄彌陀花」。此植物莖高三、四尺，枝葉皆似茄子。此華在印度向來被當作是天界的花。其花大者，稱為「摩訶曼陀羅華」。

大辯天神品第七

大辯天神，義淨譯作大辯才天女，此天專以智慧辯才流通佛法。此品敘述大辯天神向佛陀宣說護法誓言，令宣說本經的說法者獲得總持妙慧辯才，廣為流布此經，使得聽聞此經的人都獲得大智慧、大辯才、大福德等果報。

爾時大辯天白佛言：「世尊！是說法者我當益其樂說辯才，令其所說，莊嚴次第，善得大智。若是經中有失文字，句義違錯，我能令是說法比丘次第還得，能與總持❶，令不忘失。若有眾生於百千佛所種諸善根，是說法者為是等故，於閻浮提廣宣流布是妙經典，令不斷絕。復令無量無邊眾生得聞是經，當令是等悉得猛利不可思議大智慧聚，不可稱量福德之報，善解無量種種方便，善能辯暢一切諸論，善知世間種種技術，能出生死得不退轉，必定疾得阿耨多羅三藐三菩提。」

【譯文】

這時大辯天對佛說：「世尊！那些宣說《金光明經》的法師，我將增益他的說法意樂和辯才，使他的宣說義理謹嚴，得大智慧。若對經中的文字句義有錯失的地方，我能使這位說法比丘依次糾正，並使他得到總持大智，對於經義毫無忘失。若有眾生在百千佛前種下了善根，因為這個善因，說法者在閻浮提廣為宣說流布這部妙經，使不斷絕。又使無量無邊的眾生能夠聽聞此經，使他們得到猛利不可思議的大智慧聚、不可稱量的福德果報，善解無量種種的方便，善能論辯通達一切諸論，善知世間的種種技術，能出離生死，得不退轉果位，必定速得阿耨多羅三藐三菩提。」

【注釋】

❶ 總持：即能總攝憶持無量佛法而不忘失之念慧力。有法、義、咒、忍等四種總持。

功德天品第八

功德天神，義淨譯作大吉祥天女，經中記述為布施福德、財寶的女神，在〈散脂鬼神品〉中稱為「第一威德成就眾事大功德天」。本品敘述功德天向佛陀宣說護法誓言，給予宣說本經的說法者增益財物等一切所需，成就一切吉祥。又講述了功德天供養儀軌法。天臺宗金光明懺法中（見《國清百錄》之五），極為重視功德天，在釋迦像左邊首先安置功德天座，如果道場寬大，更安置大辯天、四天王座在釋迦像右邊。

爾時功德天白佛言：「世尊！是說法者，我當隨其所須之物，衣服飲食、臥具醫藥及餘資產，供給是人，無所乏少，令心安住，晝夜歡樂，正念思惟是經章句，分別深義。若有眾生於百千佛所種諸善根，是說法者為是等故，於閻浮提廣宣流布是妙經典，令不斷絕。是諸眾生聽是經已，於未來世無量百千那由他劫，常在天上人中受樂，值遇諸佛，速成阿耨多羅三藐三菩提，三惡道苦悉畢無餘。世尊！我已於過去寶華功德海琉璃金山照明如來、應供、正遍知、明行足、善逝、世間解、無上士、調御丈夫、天人師、佛、世尊所種諸善根❶，是故我今隨所念方，隨所視方，隨所至方，能令無量百千眾生受諸快樂。若衣服飲食資生之具，金銀七寶、真珠、琉璃、珊瑚、琥珀、璧玉、珂貝，悉無所乏。若有人能稱金光明微妙經典，為我供養諸佛世尊，三稱我名，燒香供養，供養佛已，別以香華種種美味供施於我，灑散諸方，當知是人即能聚集資財寶物，以是因緣，增長地味，地神諸天，悉皆歡喜，所種穀米芽莖枝葉果實滋茂；樹神歡喜，出生無量種種諸物。我時慈念諸眾生故，多與資生所須之物。世尊！於此北方毘沙門天王有城名曰阿尼曼陀❷，其城有園名功德華光，於是園中有最勝園，名曰金幢七寶極妙，此即是我常止住處。若有欲得財寶增長，是人當於自所住處，應淨掃灑，洗浴其身，著鮮白衣，妙香塗身，為我至心三稱彼佛寶華琉璃世尊名號，禮拜供養，燒香散華，亦當三稱金光明經，至誠發願；別以香華種種美味，供施於我，散灑諸方。

爾時當說如是章句：

波利富樓那遮利　三曼陀達舍尼羅佉　摩訶毘呵羅伽帝　三曼陀毘陀那伽帝　摩訶迦梨波帝　波婆禰　薩婆哆㖿　三曼陀　修鉢梨富隸　阿夜那達摩帝　摩訶毘鼓畢帝　摩

訶彌勒簸僧祇帝　醯帝簁三博祇悕帝　三曼陀阿咃　阿㝹婆羅尼❸

是灌頂章句，必定吉祥，真實不虛。等行眾生及中善根，應當受持，讀誦通利。七日七夜受持八戒❹，朝暮淨心，香華供養十方諸佛。常為己身及諸眾生，迴向具足阿耨多羅三藐三菩提，作是誓願：令我所求皆得吉祥。自於所居房舍屋宅淨潔掃除，若自住處，若阿蘭若處❺，以香泥塗地，燒微妙香，敷淨好座，以種種華香布散其地，以待於我。我於爾時如一念頃，入其室宅，即坐其座，從此日夜令此所居，若村邑、若僧坊、若露地❻，無所乏少。若錢、若金銀、若珍寶、若牛羊、若穀米，一切所須即得具足，悉受快樂。若能以己所作善根最勝之分迴與我者，我當終身不遠其人，於所住處至心護念，隨其所求令得成就。應當至心禮如是等諸佛世尊，其名曰：寶勝如來、無垢熾寶光明王相如來、金焰光明如來、金百光明照藏如來、金山寶蓋如來、金華焰光相如來、大炬如來、寶相如來。亦應敬禮信相菩薩、金光明菩薩、金藏菩薩、常悲菩薩、法上菩薩。亦應敬禮東方阿閦如來、南方寶相如來、西方無量壽佛、北方微妙聲佛。」

【譯文】

這時功德天對佛說：「世尊！對於受持、宣說《金光明經》的人，我當供養他的所須之物，如衣服、飲食、臥具、醫藥及其餘種種資用，不使缺少；令他能夠晝夜安樂而住，正念思維這部妙經的文句，分別經中甚深義理。若有眾生在百千佛前種下了善根，因為這個善因，說法者在閻浮提廣為宣說流布這部妙經，令不斷絕。這些眾生聽聞這部經後，於未來世無量百千那由他劫中，常在天上人間享受快樂，值遇諸佛，速成阿耨多羅三藐三菩提，三惡道苦全部滅除無餘。世尊！我已於過去寶華功德海琉璃金山照明如來、應供、正遍知、明行足、善逝、世間解、無上士、調御丈夫、天人師、佛、世尊所種下了善根，所以我今隨心念所念，隨目光所及，隨行走所至，能令無量百千的眾生享受快樂，如衣服飲食等資生用具，金銀七寶、珍珠琉璃、珊瑚、琥珀、璧玉、珂貝，都沒有缺少。若有人能稱讚讀誦《金光明》微妙經典，為我供養諸佛世尊，並三稱我名，燒香供養。供養佛後，另外以種種香華、美味，供養於我，灑散在各個方位，當知此人即能夠聚集資財和寶物。因為這個因緣也能夠增長地味，地神和諸天神都歡喜，所種的穀米枝葉榮茂，果實纍纍；樹神歡喜，生出無量種種果實。我在這慈心愍念眾生，多給予他們生活所需之物。世尊！在此北方毘沙門天王有一個城名叫阿尼曼陀，城中有一個園名叫功德華光園，園中又有一個最殊勝的園，名叫金幢七寶極妙園，這裡是我經常住的地方。如果有人想要得到財寶增長，應當在自己住處灑掃清淨，洗浴身體，穿新淨白衣，妙香塗身，為我至心三稱彼佛寶華琉璃世尊的名號，禮拜供養，燒香散華；亦當三稱《金光明經》，至誠發願；另以種種香華、美味供養於我，灑散在各個方位。同時念誦咒語：

波利富樓那遮利　三曼陀達舍尼祿佉　摩訶毘呵羅伽帝　三曼陀毘陀那伽帝　摩訶迦梨波帝

波婆禰薩婆哆呫　三曼陀　修缽梨富隸　阿夜那達摩帝　摩訶毘鼓畢帝　摩訶彌勒簸僧祇帝

酰帝筵三博祇帰帝　三曼陀阿咃　阿㲉婆羅尼

念誦這個咒語，必定吉祥，真實不虛。中等善根的眾生，應該受持這個咒語，流利讀誦，七日七夜受持八關齋戒，早晚淨心，以香華供養十方諸佛，常為自己及一切眾生迴向，願成就阿耨多羅三藐三菩提。這樣迴向發願之後，令所有希求，皆得圓滿成就。自於所住屋宅房舍掃除潔淨，或在自己住處，或在阿蘭若處，用香泥塗地，燒微妙香，敷設莊嚴好座，以種種香華撒在地上，來等待我。我於這一念之間就進入屋內，坐其座上，接受供養。從此之後，使這一方，不論是村落、道場，或阿蘭若處，隨所希求，沒有缺少。金銀財寶、牛羊穀米等一切所需資財都得到滿足，獲得快樂。如果能把這樣做所獲的最殊勝功德的一部分迴向給我，我會終身不遠離這人，對於他的住處，至心護念，隨他有所希求，都令得到成就。應當至心禮敬如是等諸佛世尊，其名為：寶勝如來、無垢熾寶光明王相如來、金焰光明如來、金百光明照藏如來、金山寶蓋如來、金華焰光相如來、大炬如來、寶相如來，也應禮敬信相菩薩、金光明菩薩、金藏菩薩、常悲菩薩、法上菩薩，也應敬禮東方阿閦如來、南方寶相如來、西方無量壽佛、北方微妙聲佛。」

【注釋】

❶ 應供：梵語arhat或arhant，音譯「阿羅漢」、「阿羅訶」，又譯為「應」。為佛十號之一。謂佛已斷盡一切煩惱，智德圓滿，應受人天供養而無愧德。《成唯識論》釋，謂應永害煩惱怨賊，應

受世間微妙供養，應不復受分段生死，故得「應」名。《瑜伽師地論》云：「已得一切所應得義，應作世間無上福田，應為一切恭敬供養，是故名應。」又「阿羅漢」原具三義，曰殺賊，曰無生，曰應供，為聲聞乘人極果所共有；在佛的十號中，以「應永害一切煩惱怨賊」的斷德圓滿而立稱。明行足：梵語，音譯「鞞侈遮羅那三般那」，意譯「明行圓滿」或「明行成」，為佛十號之一。「明」，指智證；「行」指實踐修行，佛於二者圓滿具足，故得是稱號。善逝：梵語sugata，音譯作「修伽陀」、「蘇揭多」、「修伽多」，為佛十號之一。也譯為「善去」、「善解」、「善說無患」、「好說」、「好去」等。「逝」，是「去」或「到」義；「善」，是有不退轉或究竟無餘義。由不退轉義，安穩而逝，說名「善逝」。外道異學雖也有得定得通，但其功德定會退失，不名善逝；二乘有學、無學所得功德雖不退失，然非圓滿通達一切所知境，也不名「善逝」。於此二義唯佛為最，故立是號。世間解：梵語，音譯「路迦憊」，意譯作「知世間」，為佛十號之一。佛常以佛眼洞察世間諸有情類之升沉諸趣，方便濟拔，置人天路，趣涅槃城。故佛於世間，不唯洞解有情世間，亦能洞解非情的器世間，以是智德號「世間解」。故《瑜伽師地論》說，佛是「善知世界及有情界，一切品類染淨相故，名世間解。」無上士：梵語anuttara，音譯「阿耨多羅」，佛十號之一。又作「無上」、「無上丈夫」。如來之智德，於人中最勝，無有過之者，故稱無上士。又涅槃法無上，佛自知之，如諸法中涅槃無上，佛於眾生中亦最勝無上。調御丈夫：梵語purusadamyasārathi，音譯「富樓沙曇藐娑羅提」，佛十號之一。意指可化導一切丈夫之調御師。《瑜伽師地論》言：「一切世間唯一丈夫，善知調心最勝方便，是故名無上士調御丈夫。」顯示出佛化有情隨機設教的功德。天人師：梵語śāstā deva-manuṣyāṇāṃ，音譯作「舍多提婆魔菟舍喃」，如來十號之一。謂佛說法利生事業所依止處，唯天與人二趣，度天、人者眾，度餘道者寡。有情諸趣中，唯人與天是能堪受佛法的法器，也唯佛能教導令其受益，故佛稱為天人之師。《瑜伽師地論》言：「能正教誡，教授天人，令其離一切眾苦，是故說佛名人天師。」佛：梵語buddha之音譯，音譯「佛陀」、「佛馱」、「休屠」、「浮陀」、「浮屠」、「浮圖」等。意譯「覺者」、「知者」、「覺」，「覺悟真理者」之意。亦即具足自覺、覺他、覺行圓滿，如實知見一切法之性相，成就等正覺的聖者。一是約斷德圓滿，二是約悲德圓滿，三是約智德圓滿，故得「佛陀」稱號。世尊：梵語，音譯「薄伽梵」，又譯作「婆伽婆」、「婆誐嚩帝」等，意譯作「世尊」，如來十號之一。《大乘義章》卷十二說：「佛備眾德，為世欽重，故號世尊。」即為世間所尊重者之意，亦指世界中之最尊者。在印度一般用為對尊貴者之敬稱，即「富有眾德、眾佑、威德、名聲、尊貴者」之意，若於佛教，則特為佛陀之尊稱。

❷ 阿尼曼陀：依義淨譯，名為「有財」。

❸ 衾：譯音用字。

❹ 八戒：又作八關戒齋、八分齋戒、八支齋戒等。指在家二眾於六齋日受持一日一夜的出家戒律，是佛陀為在家弟子所制定暫時出家之學處。所謂：受持遠離殺生（殺有情之生命）、不與取（取

他不與之物）、非梵行（男女之媾合）、虛誑語（與心相違之言說）、飲諸酒、眠坐高廣大床（坐臥於高廣嚴麗之床座上）、塗飾香鬘及歌舞觀聽（身塗香飾花鬘，觀舞蹈，聽歌曲）、非時食（午後之食）等八戒。八戒中前七支為戒，後一支不非時食為齋，合稱八關齋戒。關者，禁閉之義，受持八戒，能閉一切諸惡趣門，長養出世善根。又因受此八戒，近於僧伽或阿羅漢而住，故又稱近住律儀。

❺阿蘭若處：譯為「遠離處」、「寂靜處」、「最閒處」、「無諍處」。即距離聚落一定距離而適於修行的山林、荒野空閒處。

❻僧坊：又作「僧房」。僧尼所住之坊舍。亦指寺院。

堅牢地神品第九

堅牢地神，經中記述為主掌大地的女神。本品敘述堅牢地神向佛陀宣說護法誓言，若有本經所在之處，使地味增長，出生地利，百穀藥草樹木的花果滋茂，美色香味悉皆具足，土地豐饒，人民富庶；並晝夜護衛說法者，廣為流布此經。

爾時地神堅牢白佛言：「世尊！是金光明微妙經典，若現在世，若未來世，在在處處，若城邑聚落，若山澤空處，若王宮宅；世尊！隨是經典所流布處，是地分中敷師子座，令說法者坐其座上，廣演宣說是妙經典，我當在中常作宿衛❶，隱蔽其身於法座下，頂戴其足。我聞法已，得服甘露無上法味，增益身力，而此大地深十六萬八千由旬，從金剛際至海地上，悉得眾味增長具足，豐壤肥濃過於今日。以是之故，閻浮提內藥草樹木根莖枝葉華果滋茂，美色香味皆悉具足，眾生食已增長壽命，色力辯安，六情諸根具足通利，威德顏貌端嚴殊特。成就如是種種等已，所作事業多得成辦，有大勢力，精勤勇猛。是故世尊！閻浮提內安隱豐樂，人民熾盛，一切眾生多受快樂，應心適意，隨其所樂。是諸眾生得是威德大勢力已，能供養是金光明經，及恭敬供養持是經者四部之眾，我於爾時當往其所，為諸眾生受快樂故，請說法者廣令宣布如是妙典。何以故？世尊！是金光明若廣說時，我及眷屬所得功德倍過於常，增長身力，心進勇銳。世尊！我服甘露無上味已，閻浮提地縱廣七千由旬豐壤倍常。世尊！如是大地，眾生所依，悉能增長一切所須之物；增長一切所須物已，令諸眾生隨意所用，受於快樂，種種飲食、衣服、臥具、宮殿屋宅、樹木林苑、河池井泉，如是等物依因於地，悉皆具足。是故世尊！是諸眾生為知我恩應作是念，我當必定聽受是經，供養恭敬尊重讚歎。作是念已，即從住處，若城邑聚落、舍宅空地，往法會所聽受是經。既聽受已，還其所止，各應相慶，作如是言：我等今者聞此甚深無上妙法，已為攝取不可思議功德之聚，值遇無量無邊諸佛，三惡道報已得解脫，於未來世常生天上人中受樂。是諸眾生各於住處，若為他人演說是經，若說一喻一品一緣，若復稱歎一佛一菩薩一四句偈乃至一句，及稱是經首題名字；世尊！隨是眾生所住之處，其地具足豐壤肥濃，過於餘地；凡是因地所生之物，悉得增長，滋茂廣大，令諸眾生受於快樂，多饒財寶，好行惠施，心常堅固深信三寶。」

爾時佛告地神堅牢：「若有眾生，乃至聞是金光明經一句之義，人中命終隨意往生三十三天。地神！若有眾生，為欲供養是經典故，莊嚴屋宅，乃至張懸一幡一蓋及以一衣，欲界六天已有自然七寶宮殿❷，是人命終即往生彼。地神！於諸七寶宮殿之中，各各自然有七天女，共相娛樂，日夜常受不可思議微妙快樂。」

爾時地神白佛言：「世尊！以是因緣，說法比丘坐法座時，我常晝夜衛護不離，隱蔽其形在法座下，頂戴其足。世尊！若有眾生於百千佛所種諸善根，是說法者為是等故，於閻浮提廣宣流布是妙經典，令不斷絕。是諸眾生聽是經已，未來之世無量百千那由他劫，於天上人中常受快樂，值遇諸佛，疾成阿耨多羅三藐三菩提，三惡道苦悉斷無餘。」

【譯文】

這時地神堅牢對佛說：「世尊！這部《金光明》微妙經典，假若現在世、未來世，在在處處，不論在城邑村落，或山林空閒阿蘭若處，或王宮殿堂處；世尊！如有這部經典流布之處，如果在其處布置了獅子寶座，請說法者坐在座上，廣演宣說這部微妙經典，我將會在其中常作護衛，隱蔽身形在法座下，頂戴說法者之足，我聽聞法後，得以服食無上甘露法味，增益身力，喜悅無量。自身得到這樣的利益後，也使得大地深至十六萬八千由旬，從金剛輪際至海面及陸地上，地味都得到增益，土壤肥沃濃厚倍過平時；由此使得閻浮提內的所有樹木藥草及種種花果苗稼都根莖豐壯，枝葉繁茂，華果滋盛，美色香味，悉皆具足。眾生吃了地上的種種果實莊稼之後，身體健壯，壽命增長，身心靈活勇健，六根明利安和，容貌端嚴，威德具備。所作事業，多得成功，精勤勇猛，有大勢力。世尊！因為這個因緣，閻浮提內人民繁盛，安穩豐樂，身心歡悅，一切眾生多受快樂。此方眾生得到這樣的威德大勢力後，能供養這部《金光明經》，並恭敬供養受持這部經的四部眾，這時我會到受持這部經的四部眾的住所，為了讓眾生得到種種利益安樂，勸請說法者廣為宣說此微妙經典。為什麼呢？世尊！這部《金光明經》廣為宣說的時候，我及眷屬所得的功德超過尋常多倍，增長身力，勇猛無畏。世尊！我嘗到無上甘露法味之後，閻浮提地上深廣七千由旬的土地豐饒肥沃數倍平常。世尊！大地是眾生的依住之處，能夠增長一切所需之物，使得所有眾生種種資用，隨意即得，皆受安樂。種種飲食衣服臥具、宮殿屋宅、樹木林苑、河池井泉等物，因為地味增長，都全部具足了。世尊！這些眾生了知我的恩德之後，應該有這樣的心念，我一定聽聞受持此經，供養恭敬、尊重讚歎此經。這樣思維之後，即從城邑村落或阿蘭若住處，前往法會處聽受此經；在聽聞受持之後，回到住處，相互慶賀，都這樣說，我們今天聽聞了無上甚深妙法，即是已經獲得了不可思議的大功德藏，將來會遇到無量無邊的諸佛，三惡道苦報永遠解脫，未來世常生天上人中，得受快樂。那時這些聽聞此經的人，各自在自己的住處為他人演說這部經的內容。如果演說了經中的一個比喻、一品或一個因緣；或者又稱歎了一佛、一菩薩、一四句偈，乃至於一個句子，或者讀了這部經的經首題名；世尊！那麼這些眾生的所住之處，土地具足豐饒肥沃超過其餘地方；凡是此地所有的生長之物，全部得到增長，廣大豐茂，使得眾生得到快樂，財寶豐足，好行布施，深信三寶，信念堅固。」

這時佛對地神堅牢說：「如果有眾生，乃至於聽聞了這部《金光明經》的一句之義，人間命終之後，隨意往生三十三天。地神！若有眾生為了供養這部經典，莊嚴布置屋宅，乃至懸掛一個幡，張設一傘蓋，欲界六天已經自然生出七寶宮殿，此人命終即往生到那裡。地神！在那些七寶宮殿中，各各自然有七天女，一起娛樂，日夜常受不可思議的微妙快樂。」

這時地神對佛說：「世尊！因為這個因緣，當說法比丘坐在法座宣說此經時，我常晝夜護衛不離，隱蔽身形在法座下，頂戴其足。世尊！若有眾生在百千佛前種下了善根，因為這個善因，說法者在閻浮提廣為宣說流布這部妙經，使不斷絕。這些眾生聽聞這部經後，於未來世無量百千那由他劫中，常在天上人間享受快樂，值遇諸佛，速成阿耨多羅三藐三菩提，三惡道苦全部滅除無餘。」

【注釋】

❶ 宿衛：這裡指晝夜守衛。

❷ 欲界六天：佛教世界觀中有欲界、色界、無色界三界，欲界有六重天，稱為「六欲天」：一、四王天，即四大天王之天。二、忉利天，即三十三天。三、夜摩天，譯言時分天。四、兜率天，譯言喜足天。五、樂變化天。六、他化自在天。此中四王天在須彌山之半腰，忉利天在須彌山之頂，因此稱為「地居天」，兜率天已上住在空中，謂之「空居天」。

卷三

散脂鬼神品第十

本品敘述散脂大將向佛陀宣說護法誓言，若有本經所在之處，正了知散脂大將及所率領的二十八部鬼神眾則擁護說法者，令消滅諸惡，獲得不可思議的功德聚。參見頁99，「散脂鬼神大將軍」條。

爾時散脂鬼神大將及二十八部諸鬼神等，即從座起，偏袒右肩，右膝著地，白佛言：「世尊！是金光明微妙經典，若現在世及未來世，在在處處，若城邑聚落，若山澤空處，若王宮宅，隨是經典所流布處，我當與此二十八部大鬼神等往至彼所，隱蔽其形，隨逐擁護是說法者，消滅諸惡，令得安隱；及聽法眾，若男、若女、童男童女，於是經中乃至得聞一如來名、一菩薩名及此經典首題名字，受持讀誦，我當隨侍宿衛擁護，悉滅其惡，令得安隱；

及國邑城郭，若王宮殿、舍宅空處，皆亦如是。世尊！何因緣故，我名散脂鬼神大將？唯然世尊，自當證知。世尊！我知一切法，一切緣法；了一切法，知法分齊。如法安住，一切法如性，於一切法含受一切法❶。世尊！我現見不可思議智光、不可思議智炬、不可思議智行、不可思議智聚、不可思議智境❷。世尊！我於諸法正解正觀，得正分別，正解於緣，正能覺了❸。世尊！以是義故，名散脂大將。世尊！我散脂大將，令說法者莊嚴言辭，辯不斷絕，眾味精氣從毛孔入，充益身力，心進勇銳，成就不可思議智慧，入正憶念。如是等事悉令具足，心無疲厭，身受諸樂，心得歡喜。以是意故，能為眾生廣說是經。若有眾生，於百千佛所種諸善根，說法之人為是眾生，於閻浮提內廣宣流布是妙經典，令不斷絕。無量眾生聞是經已，當得不可思議智聚，攝取不可思議功德之聚，於未來世無量百千劫，人天之中常受快樂，於未來世值遇諸佛，疾得證成阿耨多羅三藐三菩提，一切眾苦，三惡趣分，永滅無餘。南無寶華功德海琉璃金山光照如來、應供、正遍知！南無無量百千億那由他莊嚴其身釋迦如來、應供、正遍知，熾然如是微妙法炬！南無第一威德成就眾事大功德天！南無不可思量智慧功德成就大辯天。」

【譯文】這時，散脂鬼神大將及二十八部諸鬼神眾等，即從座位起來，偏袒右肩，右膝著地，對佛說：

「世尊！這部《金光明》微妙經典，假若現在世，或未來世，在在處處，不論在城邑村落，或山林空閒阿蘭若處，或王宮殿堂處，如有這部經典流布之處，我將與此二十八部大鬼神等，來到說法之處，隱蔽身形，晝夜跟隨衛護這個說法的人，滅除一切惡，讓他們得到安穩。又聽法的會眾，不論是男是女、童男童女，在這部經中乃至聽聞了一如來名號、一菩薩名號以及這部經典的題名等，受持讀誦，我將日夜跟隨衛護，滅除一切惡，讓他們得到安穩。不論在國土城邑，在王宮殿宇、還是在舍宅空處，我也都會同樣保護。世尊！是什麼因緣，我名叫正了知散脂鬼神大將。是的，世尊！其中的因緣，佛心中知。世尊！我了知一切法、一切因緣所生之法，通達一切法之空性實相及其分齊差別；如其法性安住，一切法性相如如，於一切法中含受一切法。世尊！我現量親證見不可思議智光、不可思議智炬、不可思議智行、不可思議智聚、不可思議智境。世尊！我對於諸法能夠正解、正觀，得正分別，正解因緣，能正知覺。世尊！因此緣故，我名叫正了知散脂大將。世尊！我散脂大將，能使宣說《金光明經》的說法者言辭精闢究竟，辯才無盡，具足莊嚴；無形的精氣從毛孔進入，身心精力充足，威神勇健；成就不可思議智慧，得正憶念，如此等事全部具足。心無疲厭，身受諸樂，心得歡喜。因為有這樣的意樂心，所以能為眾生廣說此經。若有眾生在百千佛前種下了善根，說法者為了眾生得利益而在閻浮提廣為宣說流布這部妙經，令不斷絕。無量眾生聽聞這部經後，將得到不可思議智境，集積不可思議功德，於未來世無量百千那由他劫中，常在天上人間享受快樂，值遇諸佛，速疾證得阿耨多羅三藐三菩提，三惡道苦永遠滅除無餘。南無寶華功德海琉璃金山光照如來、應供、正遍知！南無無量百千億那由他莊嚴其身釋迦如來、應供、正遍知，點燃如此微妙大法炬！南無第一威德成就眾事大功德天！南無不可思量智慧功德成就大辯天！」

【注釋】

❶「我知一切法」至「於一切法含受一切法」數句：按，此段文字標點頗難，文義難以確定。筆者依據《文句》的句讀標點為：「我知一切法、一切緣法。了一切法（《文句》云此是從假入空觀也），知法分齊（《文句》云此是從空入假觀）。如法安住，一切法如性，於一切法含受一切法（《文句》云此是中道第一義諦觀）。」義淨譯文為：「我知諸法，我曉一切法。隨所有一切法，如所有一切法。諸法種類，體性差別。」依大乘義，一切法不出兩類：如所有性，即是諸法的體性；盡所有性，即是諸法的差別種類、各別自性。此段文字雖然標點頗難，但要義不出此二：一是了知一切法的體性——空性實相，此是如所有性；二是了知一切法的差別種類、各別自性，此是盡所有性。此段及下文的五智光，不同宗派有不同解釋。或以二智解釋，或以天臺宗三觀三智解釋，或以唯識之四智解釋，或以密乘五智解釋。

❷現見：指證悟到了此種境界，故譯作現量親證見。

❸「我於諸法正解正觀」四句：這裡五種正解觀，有不同解釋。《文句》配合佛之三身解釋。

正論品第十一

《金光明經》以護國之經著名，但本品卻賦予了國王以正法治理國家的重要責任，沒有把國家治亂的責任完全置於宗教式的天神護國一邊，恰當地說明了二者的因緣關係。本品講述在過去世中，力尊相王對其子信相講述的治世正論，是一個很具體實在的正法治世正論。要點有二：一是遮止十惡，推行十善；二是不得放縱親近眷屬的奸惡而不治理，應當親疏平等，以正法治理。本品闡述了人王被稱為天子的理由是，需以正法治世，如此則會得到諸天擁護，風雨隨時，無諸災禍，國土豐實，人民安樂；如果人王不以正法治世，不行平等，親近惡小，不修善事，則諸天遠離不護，導致災難、疾疫、戰亂生起，國家敗亂。這與中國傳統儒家的天人感應思想頗有相通之處。對於國家治亂、人民安樂幸福的切實關注是本品的一大特點。

爾時佛告地神堅牢：「過去有王名力尊相，其王有子名曰信相，不久當受灌頂之位❶，統領國土。爾時父王告其太子信相：『世有正論，善治國土。我於昔時曾為太子，不久亦當紹父王位，爾時父王持是正論，亦為我說。我以是論於二萬歲善治國土，未曾一念以非法行，於自眷屬，情無愛著。』何等名為治世正論？地神！爾時力尊相王為信相太子說是偈言：

我今當說，諸王正論，為利眾生，斷諸疑惑，
一切人王，諸天天王，應當歡喜，合掌諦聽。
諸王和合，集金剛山❷，護世四鎮❸，起問梵王：
大師梵尊，天中自在，能除疑惑，當為我斷，
云何是人，得名為天，云何人王，復名天子，
生在人中，處王宮殿，正法治世，而名為天。
護世四王，問是事已，時梵尊師，即說偈言：
汝今雖以，此義問我，我要當為，一切眾生，
敷揚宣暢，第一勝論。
因集業故，生於人中，王領國土，故稱人王。
處在胎中，諸天守護，或先守護，然後入胎，

雖在人中，生為人王，以天護故，復稱天子。
三十三天，各以己德，分與是人，故稱天子。
神力所加，故得自在，遠離惡法，遮令不起，
安住善法，修令增廣，能令眾生，多生天上。
半名人王，亦名執樂，羅剎魁膾❹，能遮諸惡；
亦名父母，教誨修善，示現果報，諸天所護❺。
善惡諸業，現在未來，現受果報，諸天所護。
若有惡事，縱而不問，不治其罪，不以正教，
捨遠善法，增長惡趣，故使國中，多諸奸鬪，
三十三天，各生瞋恨。
由其國王，縱惡不治，壞國正法，奸詐熾盛，
他方怨敵，競來侵掠，自家所有，錢財珍寶，
諸惡盜賊，共來劫奪。
如法治世，不行是事，若行是者，其國殄滅❻。
譬如狂象，踏蓮華池，暴風卒起，屢降惡雨，
惡星數出，日月無光，五穀果實，咸不滋茂。

由王捨正，使國饑饉，天於宮殿，悉懷愁惱。
由王暴虐，不修善事，是諸天王，各相謂言：
是王行惡，與惡為伴，以造惡故，速得天瞋，
以天瞋故，不久國敗。
非法兵仗，奸詐鬪訟，疾疫惡病，集其國土，
諸天即便，捨離是王，令其國敗，生大愁惱。
兄弟姊妹，眷屬妻子，孤迸流離❼，身亦滅亡；
流星數墮，二日並現；他方惡賊，侵掠其土，
人民飢餓，多諸疾疫；所重大臣，捨離薨亡❽；
象馬車乘，一念喪滅；諸家財產，國土所有，
互相劫奪，刀兵而死；五星諸宿❾，違失常度；
諸惡疾疫，流遍其國。
諸受寵祿，所任大臣，及諸群僚，專行非法，
如是行惡，偏受恩遇，修善法者，日日衰滅。
於行惡者，而生恭敬，見修善者，心不顧錄，
故使世間，三異並起❿，星宿失度，降暴風雨；

破壞甘露，無上正法，眾生等類，及以地肥。
恭敬弊惡，毀諸善人，故天降雹，飢餓疫病，
穀米果實，滋味衰減，多病眾生，充滿其國；
甘美盛果，日日損減，苦澀惡味，隨時增長；
本所遊戲，可愛之處，悉皆枯悴⓫，無可樂者；
眾生所食，精妙上味，漸漸損減，食無肥膚。
顏貌醜陋，氣力衰微，凡所食啖，不知厭足，
力精勇猛，悉滅無有，懶惰懈怠，充滿其國，
多有病苦，逼切其身，惡星變動，羅剎亂行⓬。
若有人王，行於非法，增長惡伴，損人天道，
於三有中，多受苦惱。
起如是等，無量惡事，皆由人王，愛著眷屬，
縱之造惡，捨而不治。
若為諸天，所護生者，如是人王，終不為是；
有行善者，得生天中，行不善者，墮在三塗⓭。
三十三天，皆生焦熱，由王縱惡，捨而不治，

違逆諸天，及父母敕⓮，不能正治，則非孝子。
起諸奸惡，壞國土者，不應縱捨。當正治罪，
是故諸天，護持是王，以滅惡法，修習善故，
現世正治，得增王位。
應各為說，善不善業，能示因果，故得為王，
諸天護持，鄰王佐助。
為自為他，修正治國。
有壞國者，應當正教，為命及國，修行正法，
不應行惡，惡不應縱。
所有餘事，不能壞國；要因多奸，然後傾敗。
若起多奸，壞於國土，譬如大象，壞蓮華池；
怨恨諸天，故天生惱，起諸惡事，彌滿其國。
是故應隨，正法治世，以善化國，不順非法，
寧捨身命，不愛眷屬，於親非親，心常平等，
視親非親，和合為一。
正行名稱，流布三界，正法治國，人多行善，

常以善心，仰瞻國王；能令天眾，具足充滿，
是故正治，名為人王。
一切諸天，愛護人王，猶如父母，擁護其子，
故令日月，五星諸宿，隨其分齊，不失常度，
風雨隨時，無諸災禍，令國豐實，安樂熾盛，
增益人民，諸天之眾。
以是因緣，諸人王等，寧捨身命，不應為惡；
不應捨離，正法珍寶，由正法寶，世人受樂。
常當親近，修正法者，聚集功德，莊嚴其身。
於自眷屬，常知止足，當遠惡人，修治正法，
安止眾生，於諸善法，教敕防護，令離不善。
是故國土，安隱豐樂，是王亦得，威德具足，
隨諸人民，所行惡法，應當調伏，如法教詔，
是王當得，好名善譽，善能攝護，安樂眾生。」

【譯文】

那時，佛對地神堅牢說：「過去有一個國王名叫力尊相，他有兒子名叫信相，不久當受灌頂之位，統領國土。那時父王告訴太子信相說：『世間有正論，能夠很好地治理國家。我以前也是太子，不久也要繼承父親的王位。當時父王給我說了這個治世正論，我依著這個治世正論，在兩萬年中很好地治理著國家，未曾有一念偏離這個正論，施行不合乎正論的政令，對於自己的親近眷屬也沒有給予特別偏愛。』為什麼名叫治世正論呢？地神！那時力尊相王為信相太子說了如下教言：

我今當說王正論，為利眾生斷疑惑，
一切人王諸天王，應當歡喜合掌聽：
諸王集會金剛山，護世四王問梵王：
大師梵主尊，天中大自在，
願哀愍我等，為斷諸疑惑。
云何處人世，而得名為天；
云何為人王，稱名為天子；
云何生人間，或處王宮殿，
或正法治世，亦得名為天？
護世四王請問已，大梵天主為說偈：

護世汝雖以，此義請問我，
我以此機緣，利益一切眾，
開演廣宣說，第一義勝論。
因集善業故，出生於人中，
統領諸國土，故稱為人王。
處在母胎中，諸天共守護，
或先共加護，然後入母胎，
雖在人世中，生而為人王，
由諸天護持，亦得名天子。
三十三天主，各以己天德，
分與此人王，亦得名天子。
由諸天神力，加持得自在，
除滅諸惡法，遮止令不生，
安住於善法，教眾生修善，
多數生天上，亦得名為天。
半名為人王，亦名為執樂；

能遮止諸惡，如羅剎魁膾；
教誨令修善，亦名為父母，
現示因果報，諸天所共護。
示其善惡業，現在未來世，
現受諸果報，諸天所共護。
國人造惡業，人王不禁制，
放縱不治罪，不施以正教，
捨離遠善法，增長諸惡趣，
故使國土中，奸詐日增多，
三十三天眾，咸生憤怒心。
國王不治政，縱惡熾然盛，
壞亂國正法，諂偽行世間，
被他方怨敵，侵掠其國土，
所有資生具，錢財珍寶等，
悉被惡盜賊，共來劫奪去。
如法治世者，不行非正法，

如何接近佛法?

面對浩如煙海的佛教典籍，究竟哪些經典應該先讀，哪些論著可後讀？哪部佛典是必讀，哪種譯本可選讀？哪些經論最能體現佛教的基本精神，哪些撰述是隨機方便說？凡此等等，均不同程度影響著人們讀經的效率與效果。為此，我們精心選擇了對中國佛教影響最大、最能體現中國佛教基本精神的佛經系列，認為舉凡欲學佛或研究佛教者，均可從此入手，之後再循序漸進，對整個中國佛教做進一步深入的了解與研究。

主編 賴永海

南京大學哲學系教授。中華文化研究院院長，財政部、教育部哲學社會科學創新基地——南京大學宗教與文化研究中心主任，南京大學旭日佛學研究中心主任，江蘇宏德文化出版基金會理事長鑑真圖書館館長。出版《中國佛性論》、《中國佛教文化論》、《佛學與儒學》等著作，主編第一部《中國佛教百科全書》，主編第一部《中國佛教通史》。

讀者服務 —

聯經書房 | 台北市新生南路三段 94 號 1F | TEL:02-2362-0308#201

聯經台中公司 | 台中市健行路321號1F | TEL:04-2231-2023

聯經網路書店 | http://www.linkingbooks.com.tw

聯經粉絲群

聯經出版

若行非正法，其國將滅亡。
譬如有狂象，踐踏蓮花池，
亦如暴風起，降注惡霪雨，
妖星多變怪，日月蝕無光，
五穀及花果，果實皆不成。
由王捨正法，國中遭饑饉，
諸天處宮殿，見已生愁惱。
由王行暴虐，不修諸善事，
彼諸天王眾，共作如是言：
此王行非法，惡黨相親附，
因造眾惡業，諸天皆憤怒；
由諸天憤怒，其國當敗亡。
盜賊刀兵起，爭鬥謀亂生，
惡病及疾疫，流行其國土；
諸天不護念，捨離此國王，
使其國敗亡，令生大愁惱。

父母及妻子，兄弟並姊妹，
國亂身流離，生死兩不知；
變怪流星墜，二日俱時出，
他方怨敵來，國人遭戰亂，
災荒及飢餓，疾疫並流行；
謀國之重臣，遭枉而身死，
象馬車兵乘，轉瞬皆散失；
國土及人民，財產遭劫奪，
處處有刀兵，人多非法死；
五星及諸宿，違失於常度，
諸惡病疾疫，流行遍國中。
所任諸大臣，及其官僚眾，
恃寵信諂媚，專門行非法，
如此奸惡人，偏受恩寵遇，
而行善法人，日日遭貶退。
見行惡事者，卻心生愛敬，

見行善法者，而心不看顧，
因此使世間，三災異並起，
星宿失常度，非時暴風雨。
失壞甘露味，正法當隱沒。
由近奸惡人，捨棄諸善人，
眾生及地力，皆得大衰滅。
天降下雹雨，飢餓疫病起，
穀米諸果實，滋味都損減，
多病之眾生，充滿於國中。
園林中樹木，先有甘美果，
由此皆損減，苦澀惡味增；
先有妙園林，可愛遊戲處，
忽然都枯悴，毫無可樂者；
所食諸稻麥，精妙味漸減，
飯食無滋味，不能增體力；
顏貌光色減，勢力盡衰微，

食飲雖然多，不能令飽足。
於其國界中，所有眾生類，
少力無勇猛，所作多惰怠；
國人多疾病，眾苦逼切身，
妖星鬼魅動，羅剎隨處生。
若有諸人王，行於非正法，
親近於惡人，損滅人天道，
於三惡道中，多受諸大苦。
如此無量過，使得國衰亂，
皆因諸人王，寵信奸惡人，
縱容親眷屬，不以正法治。
由諸天加護，生而為人王，
終不行非法，以正法治世。
若人修善行，當得生天中，
若行諸不善，必墮三惡道。
國王縱容惡，捨正不治理，

三十三天眾，皆生熱惱心；
不順諸天教，及順父母言，
不以正法治，則是不孝子。
國中起奸邪，壞亂於國法，
當正法治罪，切勿姑放縱；
因此諸天眾，皆護持此王，
滅除諸惡法，勸修習眾善，
現世正法治，王位得增固。
應當常宣說，行善勸不善，
示善惡因果，故得作人王；
諸天共護持，鄰國互幫助。
為自利利他，治國以正法。
見有壞國法，應當如法治，
假使失王位，及遇害命緣，
終不行惡法，見惡不治理。
害中極重者，無過國壞亂，

起因在奸惡，致使國傾敗。
若國起奸惡，將壞亂國土，
譬如惡大象，踏壞蓮花池；
諸天生憂惱，共憒不護念，
災戾不祥起，惡亂滿國中。
是故彼人王，應正法治世，
善法治化國，不順於非法；
寧捨於身命，不寵縱親眷，
於親與非親，心常懷平等，
視親與非親，和合為一體。
正行有名稱，流布三界中，
正法治國家，人多行善法，
常以善愛心，敬仰於國王；
能令諸天眾，增長及充滿，
以正法治世，得名為人王。
一切諸天眾，愛護此人王，

猶如人父母，常護念其子；
故使諸日月、五星眾星宿，
依位隨時行，不失於常度；
風雨隨時節，無有諸災禍，
國土皆豐饒，人民得安樂，
一切諸天眾，增廣得充滿。
是故諸人王，當知正法利，
寧捨於身命，也不為惡伴；
不應遂捨離，正法珍寶藏，
由行正法寶，世人得安樂。
應當常親近，修行正法者，
聚集善功德，莊嚴於自身。
於親近眷屬，常知有節度，
遠諂佞惡人，嚴修治正法。
常以十善法，教化一切眾，
令防護身心，遠離十不善。

由此國大治，國土常豐樂，
此王亦將得，具足大威德。
隨有國中人，若行諸惡法，
即當予調伏，如法而教化；
人王行正法，當得好名稱，
善能護人民，安樂諸眾生。」

【注釋】

❶ 灌頂：印度古代國王登基的加冕禮。

❷ 金剛山：這裡即指須彌山。

❸ 護世四鎮：即四大天王，有護世鎮國之功德。

❹ 羅剎魁膾：指能夠遮制惡鬼的藥叉將等。《文句》云：「魁膾名典軍，遮制惡鬼。」

❺ 諸天所護：《文句》注釋為：半名人王已下答有三義故稱半為王：一名執樂者，樂由於王。王執此樂使天下和平，……故執樂者名王。二者遮惡為民除害，……故遮惡名王。三父母者，誨示禍福導語善惡，制禮作樂而民知禁，誰不歸德。故父母名之為王。《文句》：護世四大天王發四問：「一問云何呼人為天？二問非天所生而名天子？三問處王宮殿何故名天？四問以人法治世那

得名天？」問既有四，答亦為四：「一答天護其入胎，雖是人子而稱天子。三十三天各分己德，雖是於人而稱為天。雖處人宮殿用天律治世，雖是人主而稱為天。雖是人法治世，令眾生行善多生天上，以因中說果故稱為天。」

❻殄：滅盡。

❼迸：散逃。

❽薨：古代諸侯之死稱薨。

❾宿：星宿。

❿三異：指風、雨、星三者的異常。

⓫悴：憔悴。

⓬羅刹：梵語rākṣasa，惡鬼之名。又作「羅刹娑」（羅刹婆為誤寫）、「羅叉娑」等。意譯為「可畏」、「速疾鬼」、「護者」。女則稱「羅刹女」、「羅叉私」。男即極醜，女即甚殊美，並皆食啖於人。另有一說謂羅刹係地獄之獄卒，職司懲罰罪人。

⓭三塗：又稱「三途」，指火塗、刀塗、血塗，分別對應地獄、餓鬼、畜生三惡趣。謂地獄名火途，火聚多故；畜生名血途，因屢受殘害故；餓鬼名刀途，刀杖加於身故。

⓮敕：告誡。

善集品第十二

本品是對〈正論品〉內容的續說。〈正論〉論理，本品敘事，舉了釋迦牟尼佛的一個本生故事為例，來說明國王尊重供養宣說《金光明經》所帶來的功德利益。釋迦牟尼佛過去世曾為善集聖王，勸請供養寶冥比丘（阿閦佛前世）敷揚宣說《金光明經》，王聞正法，發願以滿四天下無量珍寶供養，以此因緣，國安民樂，而國王也因此善根而成就了百福莊嚴的菩提正法之身。

爾時如來復為地神說往昔因緣，而作偈言：

我昔曾為，轉輪聖王❶，捨四大地❷，及以大海，
又於是時，以四天下，滿中珍寶，奉上諸佛，

凡所布施，皆捨所重，不見可愛，而不捨者。
於過去世，無數劫中，求正法故，常捨身命。
又過去世，不可議劫，有佛世尊，名曰寶勝，
其佛世尊，般涅槃後❸，時有聖王，名曰善集，
於四天下，而得自在，治正之勢，盡大海際。
其王有城，名水音尊，於其城中，止住治化，
夜睡夢中，聞佛功德，及見比丘，名曰寶冥，
善能宣暢，如來正法，所謂金光，微妙經典，
明如日中，悉能遍照。
是轉輪王，夢是事已，即尋覺寤，心喜遍身，
即出宮殿，至僧坊所，供養恭敬，諸大聖眾，
問諸大德，是大眾中，頗有比丘，名曰寶冥，
成就一切，諸功德不？
爾時寶冥，在一窟中，安坐不動，思惟正念，
讀誦如是，金光明經。
時有比丘，即將是王，至其所止，到寶冥所。

時此寶冥，故在窟中，形貌殊特，威德熾然，
即示王言，是窟中者，即是所問，寶冥比丘，
能持甚深，諸佛所行，名金光明，諸經之王。
時善集王，即尋禮敬，寶冥比丘，作如是言：
面如滿月，威德熾然，惟願為我，敷演宣說，
是金光明，諸經之王。
時寶冥尊，即受王請，許為宣說，是金光明。
三千大千，世界諸天，知當說法，悉生歡喜，
於淨微妙，鮮潔之處，種種珍寶，廁填其地，
上妙香水，持用灑之，散諸好華，遍滿其處。
王於是時，自敷法座，懸繒幡蓋❹，寶飾交絡，
種種微妙，殊特末香，悉以奉散，大法高座；
一切諸天，龍及鬼神，摩睺羅伽，緊那羅等，
即雨天上，曼陀羅華，遍散法座，滿其處所；
不可思議，百千萬億，那由他等，無量諸天，
一時俱來，集說法所。

是時寶冥，尋從窟出，諸天即時，以娑羅華[5]，
供養奉散，寶冥比丘。
是時寶冥，淨洗身體，著淨妙衣，至法座所，
合掌敬禮，是法高座。
一切天王，及諸天人，雨曼陀羅、大曼陀羅、摩訶曼殊[6]，眾妙寶華，
無量百千，種種伎樂，於虛空中，不鼓自鳴。
寶冥比丘，能說法者，尋上高座，結跏趺坐[7]，
即念十方，不可思議，無量千億，諸佛世尊，
於諸眾生，與大悲心，及善集王，所得王領[8]，
盡一日月，所照之處。
時說法者，即尋為王，敷揚宣說，是妙經典。
是時大王，為聞法故，於比丘前，合掌而立。
聞於正法，讚言善哉！
其心悲悼，涕淚交流，尋復踊悅，心意熙怡。
為欲供養，此經典故，爾時即提，如意珠王[9]，
為諸眾生，發大誓願：願於今日，此閻浮提，

悉雨無量，種種珍異，瑰奇七寶，及妙瓔珞，
以是因緣，悉令無量，一切眾生，皆受快樂。
即於爾時，尋雨七寶，及諸寶飾，天冠耳璫⑩，
種種瓔珞，甘饌寶座⑪，悉皆充滿，遍四天下。
時王善集，即持如是，滿四天下，無量七寶，
於寶勝佛，遺法之中，以用布施，供養三寶⑫。
爾時為王，說法比丘，於今現在，閦門佛是；
時善集王，聽受法者，今則我身，釋迦文是。
我於爾時，捨此大地，滿四天下，珍寶布施，
得聞如是，金光明經，聞是經已，一稱善哉，
以此善根，業因緣故，身得金色，百福莊嚴，
常為無量，百千萬億，眾生等類，之所樂見。
既得見已，無有厭足，過去九十，九億千劫，
常得作於，轉輪聖王；亦於無量，百千劫中，
常得王領，諸小國土；不可思議，劫中常作，
釋提桓因，及淨梵王；復得值遇，十力世尊，

其數無量，不可稱計。
所得功德，無量無邊，皆由聞經，及稱善哉。
如我所願，成就菩提，正法之身，我今已得。

【譯文】

這時如來又為地神講說往昔的因緣，而作偈說：
我昔曾為轉輪王，捨此大地並大海，
又以四洲滿珍寶，奉獻供養諸如來。
布施皆捨最珍重，如不珍愛即不施，
我於往昔無數劫，為求正法常捨身。
又於過去難思劫，有佛世尊名寶勝，
其佛世尊涅槃後，時有聖王名善集，
為轉輪王化四洲，盡大海際得正治，
其王有城水音尊，住此城中行治化。
夜夢聞說佛功德，見有比丘名寶冥，
善能宣暢佛正法，謂《金光明》微妙經，

如日光明悉遍照。
彼王夢此尋覺寤，心生歡喜充遍身，
即出王宮至僧院，恭敬供養諸聖眾，
問諸大德僧眾中，可有比丘名寶冥，
成就一切功德否？
那時寶冥在一窟，安坐不動持正念，
誦此《金光明》妙經。
時一比丘引導王，至彼寶冥所居處，
見在窟中端身坐，妙相殊勝具威德。
即對國王說此人，即是所尋之比丘，
能持甚深佛所行，《金光明經》諸經王。
善集王即禮寶冥，恭敬合掌讚請說：
面如滿月具威德，唯願為我廣宣說，
此《金光明》諸經王。
那時寶冥受王請，許為宣說《金光明》，
三大千界中諸天，聞將說法生歡喜。

王於淨妙鮮潔處，種種珍寶而嚴飾，
上妙香水持灑淨，鮮妙雜華遍散布，
王自敷設高法座，幢幡寶蓋繒交絡，
微妙末香及塗香，悉以奉散大法座，
一切天龍及鬼神，摩睺羅伽、緊那羅，
即雨天上曼陀華，遍散法座滿會所。
不可思議千萬億，無量諸天一時來，
俱來集會聞正法。
這時寶冥從窟出，諸天即以娑羅華，
供養奉散大法師。
那時寶冥淨浴身，著鮮淨衣至法座，
合掌敬禮高法座；一切天王及天人，
雨曼陀羅、大曼陀，摩訶曼殊眾妙華，
無量百千諸伎樂，於虛空中出妙聲。
那時寶冥說法師，即升法座跏趺坐，
念彼十方諸剎土，百千萬億大慈尊，

亦興大悲於眾生，及善集王所領治，
盡一日月所照處。
那時寶冥即為王，敷揚廣說此妙經。
善集恭敬合掌立，一心諦聽此正法，
讚歎善哉唱隨喜，聞法稀有淚交流，
身心歡喜意熙怡。
為欲供養此經故，彼時王持如意珠，
為諸眾生發大願：願於今日閻浮提，
普雨無量種種寶，珍妙七寶及瓔珞，
以此殊勝之因緣，無量眾生得安樂。
即時天遍雨七寶，天冠耳璫種種寶，
瓔珞寶座妙飲食，悉皆充遍四天下。
那時國主善集王，以滿四洲之七寶，
咸持供養寶勝佛，以及遺法中三寶。
那時說法寶冥者，即今現在阿閦佛，
聽受法者善集王，即我釋迦牟尼是。

我於昔時捨大地，滿四洲寶以布施，
因此得聞此經王，一稱善哉心隨喜，
以此善業因緣故，身得金色百福嚴，
常為無量千萬億，眾生等類所樂見，
既得見已無厭足。
過去九十九億劫，常居轉輪聖王位；
亦於無量百千劫，常為小國之國王；
亦於不可思議劫，常為帝釋、梵天主；
又得值遇十力尊，其數無量不可計。
我聞妙經稱善哉，所獲福聚量無邊，
如我所願證菩提，妙智法身今已得。

【注釋】

❶ 轉輪聖王：佛教中的聖王理想。輪王有四種：金輪王、銀輪王、銅輪王、鐵輪王。鐵輪王統攝南方一洲，銅輪王統攝南、西二洲，銀輪王統攝南、西、東三洲，金輪王則統攝四洲。金輪王生時現有七寶，即輪寶、象寶、馬寶、珠寶、女寶、主藏寶與主兵臣寶，御此寶輪巡遊四洲，能以威

德感化四天下有情，修十善道，使得世界和平，人民安樂。

❷四大地：即四大部洲。

❸涅槃：梵語nirvāna，又作「泥洹」、「涅隸槃那」等。意譯作「滅」、「寂滅」、「滅度」、「無生」。與擇滅、離繫、解脫等詞同義。或作「般涅槃」（般，為梵語pari之音譯，完全之義，意譯作「圓寂」）、「大般涅槃」（大，即殊勝之意。又作「大圓寂」）。指燃燒煩惱之火滅盡，完成悟智（即菩提）的境地。此為超越生死（迷界）之悟界，也是佛教終極的實踐目的，故被列為法印之一，稱「涅槃寂靜」。小乘有有餘涅槃、無餘涅槃二義，大乘又增加了自性涅槃和無住涅槃二義。

❹繒：絲帛。

❺娑羅華：娑羅樹之花，其色淡黃。

❻摩訶曼殊：又譯作「柔軟花」、「白圓花」、「如意花」、「檻花」、「曼殊顏花」。其花大者，稱為「摩訶曼殊沙花」。曼殊沙華為四種天花之一，乃天界花名。其花鮮白柔軟，諸天可隨意降落此花，以莊嚴說法道場，見之者可斷離惡業。

❼跏趺：一種修禪坐法。兩足交叉置於左右股上，稱「全跏趺坐」。或單以左足押在右股上，或單以右足押在左股上，稱「半跏趺坐」。

❽王領：王所領治的國土。

❾如意珠王：佛教中傳說的一種寶珠。從寶珠出種種所求如意，故名如意。出自龍王或摩竭魚之腦中，或為佛舍利所變成。

❿耳璫：玉製的耳飾。

⓫甘饌：美食。

⓬三寶：指為佛教徒所尊敬供養的佛寶、法寶、僧寶等。

鬼神品第十三

本品是對從〈四天王品〉至〈散脂鬼神品〉五品內容的總結，或者說是對全經的法義（正宗分）和諸天護法義（諸天流通分）兩部分內容的重新宣說。首先論說了本經甚深功德的依據所在——法性，「若入是經，即入法性，如深法性，安住其中，即於是典，金光明中，而得見我，釋迦牟尼」。「金光明」中「金」比喻諸佛法身、諸法法性，這是一切功德之所依，安住法性才是進入本經，真見釋迦牟尼佛，這是三世諸佛的「甚深行處」；「光明」比喻法身所起的不可思議力用，故具有無量威德，摧伏一切煩惱怨敵，由此而得諸天擁護。其次講述了許多諸天神名號及功德，這是後世齋天儀軌的主要經典依據。

佛告功德天：「若有善男子善女人，欲以不可思議妙供養具供養過去、未來、現在諸佛世尊，及欲得知三世諸佛甚深行處，是人應當必定至心，隨有是經流布之處，若城邑村落、舍宅空處，正念不亂，至心聽是微妙經典。」爾時世尊欲重宣此義，而說偈言：

若欲供養，一切諸佛，欲知三世，諸佛行處，
應當往彼，城邑聚落，有是經處，至心聽受，
是妙經典。
不可思議，功德大海，無量無邊，能令一切，
眾生解脫，度無量苦，諸有大海。
是經甚深，初中後善❶，不可得說，譬喻為比。
假使恆沙，大地微塵，大海諸水，一切諸山，
如是等物，不得為喻。
若入是經，即入法性❷，如深法性，安住其中，
即於是典，金光明中，而得見我，釋迦牟尼；
不可思議，阿僧祇劫，生天人中，常受快樂。
以能信解，聽是經故，如是無量，不可思議，
功德福聚，悉已得之。

隨所至處，若百由旬，滿中盛火，應從中過。
若至聚落，阿蘭若處，到法會所，至心聽受；
聽是經故，惡夢蠱道，五星諸宿，變異災禍，
一切惡事，消滅無餘。
於說法處，蓮華座上，說是經典，書寫讀誦，
是說法者，若下法座，爾時大眾，猶見坐處，
故有說者，或佛世尊，或見佛像、菩薩色像，
普賢菩薩、文殊師利、彌勒大士，及諸形像。
見如是等，種種事已，尋復滅盡，如前無異。
成就如是，諸功德已，而為諸佛，之所讚歎。
威德相貌，無量無邊，有大名稱，能卻怨家，
他方盜賊，能令退散，勇捍多力，能破強敵；
惡夢惱心，無量惡業，如是惡事，皆悉寂滅。
若入軍陣，常能勝他，名聞流布，遍閻浮提；
亦能摧伏，一切怨敵，遠離諸惡，修習諸善，
入陣得勝，心常歡喜。

大梵天王，三十三天，護世四王，金剛密迹，
鬼神諸王，散脂大將，禪那英鬼❸，及緊那羅，
阿耨達龍，娑竭羅王，阿修羅王，迦樓羅王，
大辯天神，及功德天，如是上首，諸天神等，
常當供養，是聽法者，生不思議，法塔之想。
眾生見者，恭敬歡喜，諸天王等，亦各思惟，
而相謂言：令是眾生，無量威德，皆悉成就。
若能來至，是法會所，如是之人，成上善根。
若有聽是，甚深經典，故嚴出往，法會之處，
心生不可，思議正信，供養恭敬，無上法塔，
如是大悲，利益眾生，即是無量，深法寶器，
能入甚深，無上法性。
由以淨心，聽是經典，如是之人，悉已供養，
過去無量，百千諸佛，以是善根，無量因緣，
應當聽受，是金光明。
如是眾生，常為無量，諸天神王，之所愛護。

大辯、功德，護世四王，無量鬼神，及諸力士❹，
晝夜精進，擁護四方，令無災禍，永離諸苦；
釋提桓因，及日月天❺，閻摩羅王❻，風水諸神，
韋陀天神❼，及毘紐天❽，大辯天神，及自在天，
火神等神，大力勇猛，常護世間，晝夜不離；
大力鬼王，那羅延等❾，摩醯首羅，二十八部，
諸鬼神等，散脂為首，百千鬼神，神足大力，
擁護是等，令不怖畏；金剛密迹，大鬼神王，
及其眷屬，五百徒黨，一切皆是，大菩薩等，
亦悉擁護，聽是經者；摩尼跋陀，大鬼神王，
富那跋陀，及金毘羅，阿羅婆帝，賓頭盧伽，
黃頭大神❿，一一諸神，各有五百，眷屬鬼神，
亦常擁護，聽是經者；質多斯那，阿修羅王，
及乾闥婆，那羅羅闍，祁那娑婆，摩尼乾陀，
及尼揵陀⓫，主雨大神，大飲食神，摩訶伽吒，
金色髮神，半祁鬼神，及半支羅⓬，車鉢羅婆，

有大威德，婆那利神，曇摩跋羅，摩竭婆羅，
針髮鬼神，繡利蜜多，勤那翅奢，摩訶婆那，
及軍陀遮，劍摩舍帝，復有大神，奢羅蜜帝，
醯摩跋陀⓭，薩多琦梨，多醯波醯，阿伽跋羅，
支羅摩伽，央掘摩羅，如是等神，皆有無量，
神足大力，常勤擁護，聽受如是，微妙經者；
阿耨達龍，娑伽羅王，目真鄰王，伊羅鉢王，
難陀龍王，跋難陀王，有如是等，百千龍王，
以大神力，常來擁護，聽是經者，晝夜不離；
波利羅睺，阿修羅王，毘摩質多，及以茂脂，
睒摩利子⓮，波訶梨子，佉羅騫陀⓯，及以揵陀，
是等皆是，阿修羅王，有大神力，常來擁護，
聽是經者，晝夜不離；訶利帝南，鬼子母等，
及五百神，常來擁護，聽是經者，若睡若寤；
旃陀旃陀，利大鬼神，女等鳩羅，鳩羅檀提，
噉人精氣，如是等神，皆有大力，常勤擁護，

十方世界，受持經者；大辯天等，無量天女，
功德天等，各與眷屬，地神堅牢，種植園林，
果實大神，如是諸神，心生歡喜，悉來擁護，
愛樂親近，是經典者。
於諸眾生，增命色力，功德威貌，莊嚴倍常，
五星諸宿，變異災怪，皆悉能滅，無有遺餘；
夜臥惡夢，寤則憂悴，如是惡事，皆悉滅盡。
地神大力，勢分甚深，是經力故，能變其味，
如是大地，至金剛際，厚十六萬，八千由旬，
其中氣味，無不遍有，悉令涌出，潤益眾生；
是經力故，能令地味，悉出地上，厚百由旬，
亦令諸天，大得精氣，充益身力，歡喜快樂。
閻浮提內，所有諸神，心生歡喜，受樂無量。
是經力故，諸天歡喜，百穀果實，皆悉滋茂，
園苑叢林，其華開敷，香氣馝馚⑯，充溢彌滿，
百草樹木，生長端直，其體柔軟，無有斜戾。

閻浮提內，所有龍女，其數無量，不可思議，
心生歡喜，踊躍無量，在在處處，莊嚴華池，
於其池中，生種種華，優鉢羅華，波頭摩華，
拘物頭華，分陀利華⑰。
於自宮殿，除諸雲霧，令虛空中，無有塵翳，
諸方清澈，淨潔明了，日王赫焰，放千光明，
歡喜踊躍，照諸闇蔽；閻浮檀金，以為宮殿，
止住其中，威德無量，日之天子，及以月天，
聞是經故，精氣充實。
是日天子，出閻浮提，心生歡喜，放於無量，
光明明網，遍照諸方，即於出時，放大光網，
開敷種種，諸池蓮華，閻浮提內，無量果實，
隨時成熟，飽諸眾生。
是時日月，所照殊勝，星宿正行，不失度數，
風雨隨時，豐實熾盛，多饒財寶，無所乏少。
是金光明，微妙經典，隨所流布，讀誦之處，

其國土境，即得增益，如上所說，無量功德。

【譯文】

佛對功德天說：「若有善男子善女人，想以不可思議的妙供供養過去未來現在的諸佛世尊，並想知道三世諸佛的甚深行處，此人應當一定要發至誠心，隨有這部《金光明經》流布的地方，不論是在城邑村落舍宅，還是在樹林空閒之處，正念不亂，至心聽聞這部微妙經典。」那時，世尊再次宣說此義，即說偈語：

若欲供養一切佛，欲知三世佛行處，
當往城邑及聚落，有此經處至心聽。
此妙經典難思議，功德大海廣無邊，
能令眾生皆解脫，出離輪迴大苦海。
此經初中後皆善，甚深難測不可喻，
恆沙大地析為塵，無邊大海之滴水，
無能譬喻其少分。
若入此經即是入，甚深法性安住中，
於此《金光明》妙經，而得見我牟尼尊。

由此不可思議劫，常生人天受妙樂，
以能信解聽此經，無量不可思議福，
諸功德聚皆已得；假使大火百由旬，
為聽此經應直過。
若至聚落蘭若處，到法會所至心受，
由聽此經諸惡消，噩夢、蠱道、星變異，
一切災禍滅無餘。
於說法處蓮座上，書寫、讀誦並解說，
說法法師下座後，大眾猶見在座上，
或有見為佛世尊，或有見為菩薩像，
或見普賢或文殊，或見彌勒及諸天，
暫見諸相種種事，忽然不見還如初。
成就如是諸功德，而為諸佛所讚歎。
相貌威德悉具足，有大名稱能卻敵。
他方盜賊令退散，勇悍多力破強敵，
噩夢惱心惡業苦，皆使除滅盡無餘。

軍陣戰鬥常得勝，名稱流布遍閻浮。
亦能摧伏一切敵，遠離諸惡修諸善，
入陣得勝心歡喜。
大梵天王、三十三天，護世四王、金剛密迹，
鬼神諸王、散脂大將，禪那英鬼及緊那羅，
阿耨達龍、娑竭羅王，阿修羅王、迦樓羅王，
大辯天及功德天，如是上首天神眾，
常當供養聽法者，生不思議法塔想。
眾生恭敬讚此經，諸天王眾各思維，
相互言說令此人，無量功德皆成就。
若能來到法會所，此人即成上善根，
若能聽受此妙經，敬心前往法會處，
心生正信不思議，供養無上大法塔，
以大悲心利眾生，即為深法之寶器，
能入甚深之法性。
由以淨心聽此經，此人即是已供養，

過去無量百千佛。
以此善根及因緣，應當聽受《金光明》，
如是眾生則常為，無量天神所護念。
大辯、功德、四天王，無量鬼神及力士，
各於四方晝夜護，令無災禍永離苦；
帝釋天及日月天，閻摩羅王、風水神，
韋馱天神、毘紐天，大辯天神、自在天，
火神等神有勇力，常護此人不相離；
大力鬼王、那羅延，摩醯首羅、散脂大將，
二十八部諸鬼神，百千鬼神有大力，
常護此人令不怖；金剛密迹大鬼神王，
及其眷屬五百眾，一切皆是大菩薩，
亦皆擁護聽經人；摩尼跋陀大鬼神王，
富那跋陀、金毘羅，阿羅婆帝、賓頭盧伽，
黃頭大神等諸神，各有五百眷屬眾，
亦常擁護聽經人；質多斯那、阿修羅王，

及乾闥婆、那羅羅闍，祁那娑婆、摩尼乾陀，
及尼揵陀、主雨大神，大飲食神、摩訶伽吒，
金色髮神、半祁鬼神，及半支羅、車鉢羅婆，
有大威德婆那利神，曇摩跋羅、摩竭婆羅，
針髮鬼神、繡利蜜多，勤那翅奢、摩訶婆那，
及軍陀遮、劍摩舍帝，復有大神奢羅蜜帝，
醯摩跋陀、薩多琦梨，多醯波醯、阿伽跋羅，
支羅摩伽、央掘摩羅，如是等神以無量，
神足大力常擁護，聽受此部妙經人；
阿耨達龍、娑伽羅王，目真鄰王、伊羅鉢王，
難陀龍王、跋難陀王，如是百千龍王眾，
有大神力常擁護，晝夜不離聽經人；
波利羅睺、阿修羅王、毘摩質多、及以茂脂，
睒摩利子、波訶梨子、佉羅騫陀、及以揵陀，
皆是阿修羅王眾，有大神力常擁護，
晝夜不離聽經人；訶利帝南、鬼子母等，

及五百神常擁護，晝夜不離聽經人；
旃陀旃陀、利大鬼神，女等鳩羅、鳩羅檀提，
啖人精氣等神眾，皆有大力常擁護，
十方世界持經人；大辯天等眾天女，
功德天等眷屬眾，地神堅牢及種種，
園林果實諸神眾，皆生歡喜來擁護，
愛樂親近此經者。
於諸眾生增色力，相貌威德倍莊嚴，
五星諸宿之變異，悉皆滅除盡無餘，
白晝憂悴夜噩夢，如此惡事悉滅盡。
由聽此經地神喜，以大神力轉地味，
從金剛際至地上，十六萬八千由旬，
地氣充遍土肥沃，華果滋盛益眾生。
由此經力令地味，湧出地上百由旬，
亦令諸天得精氣，充益身力得快樂。
閻浮提內諸天神，心生歡喜樂無量。

由聽此經諸天喜，百穀果實皆滋茂，
園苑叢林華開敷，香氣芬馥遍充滿；
百草樹木枝幹壯，葉繁果茂味具足。
閻浮提內諸龍女，其數無量不可思，
心生歡喜而踴躍，共入池中種蓮花，
優鉢羅華、波頭摩，拘物頭華、分陀利，
種種蓮花滿池中。
於自宮殿除雲霧，虛空之中無塵翳，
諸方清澈淨潔明，赫日流暉放千光，
歡喜踴躍照暗蔽。
閻浮檀金為宮殿，止住其中具威德，
日光天子及月天，聽聞此經精氣充；
日光天子出閻浮，心生歡喜放光明，
明網無量遍諸方；即於出時放光網，
開敷池中諸蓮花，果實遍滿閻浮提，
隨時成熟飽眾生。

日月殊勝照臨處，星宿正行不失度，
風雨隨時盛豐實，國土富饒咸歡樂。
故此《金光明》妙經，隨所講誦流布處，
國土諸事皆增益，悉得如上無量福。

【注釋】

❶初中後善：即初善、中善、後善。配合一部經的序分、正宗分、流通分解釋，則序分為初善，正宗分為中善，流通分為後善。

❷法性：指諸法的真實體性，甚深法界。

❸禪那英鬼：是善鬼神之一。按，「禪那英鬼」諸注疏中都沒有解釋。「散脂大將，禪那英鬼」，疑為一句，意為散脂大將及諸鬼神，所謂「二十八部諸鬼神等，散脂為首」。對照義淨譯文，沒有列一個單獨的「禪那英鬼」，其餘皆同。

❹力士：指金剛力士。或為故密跡金剛力士，或為那羅延，皆具有大力。

❺日月天：即日天子與月天子。

❻閻摩羅王：即俗稱「閻羅王」、「閻王魔」、「琰魔王」等，為佛教中冥界之總司，地獄之主神。

❼韋陀天神：佛教護法神。《金光明經照解》稱此天姓韋名琨，乃南方增長天王下八將之一。四王下合三十二將，韋陀為首。此天神生知聰慧，早離欲塵，受佛付囑護出家眾。

❽毘紐天：意為「遍淨天」。印度神話中的天神之一。

❾那羅延：乃具有大力之印度古神。又作「那羅延那天」、「那羅野拏天」。意譯為「堅固力士」、「金剛力士」、「鉤鎖力士」、「人中力士」、「人生本天」。據慧琳《一切經音義》卷六載，那羅延係欲界中之天名。或謂乃是毘紐天的異名。

❿黃頭大神：本經許多鬼神名注疏中沒有解釋，不知何意。《金光明經照解》卷二中說：「禪那英鬼、阿羅婆帝、黃頭大神、質多斯那、那羅羅闍、祈那娑婆、摩尼乾陀、及尼楗陀、摩訶伽吒、半祈鬼神、婆那利神、針髮鬼神、摩訶婆那、及軍陀遮、及以茂脂、及以楗陀、旃陀旃陀、利大鬼神、女等鳩羅，以上一十九鬼神名，疏記不翻，古今譯梵亦不載，準經中總結云一切皆是大菩薩等，即知並是法身大士權現護教也。」

⓫揵：譯音用字。

⓬支：譯音用字。

⓭醯：譯音用字。

⓮睒：譯音用字。

⓯佉；譯音用字。騫：譯音用字。

⑯ 馝馚：濃香，香氣濃郁。

⑰ 優缽羅華、波頭摩華、拘物頭華、分陀利華：四種都是蓮花。或謂優缽羅華為青蓮花，波頭摩華為赤蓮花，拘物頭華為黃蓮花，分陀利華為盛開的蓮花。

授記品第十四

「授記」是佛對弟子未來世成佛之事的預言，並預先記述將來成佛的名號、國土、壽命、分別劫數等事。本品敘說佛陀為信相菩薩及其二子銀相、銀光授記；又為在場的十千天子授記。當時菩提樹神見此事後，向佛請問十千天子並沒有經過無量難行苦行的菩薩行，為什麼也給予授記？隨後的〈流水長者子品〉中佛陀詳述了其中的因緣。

爾時如來將欲為是信相菩薩及其二子銀相銀光授阿耨多羅三藐三菩提記，是時即有十千天子，威德熾王而為上首，俱從忉利來至佛所，頂禮佛足，卻坐一面。爾時佛告信相菩薩：「汝於來世，過無量無邊百千萬億不可稱計那由他劫，金照世界，當成阿耨多羅三藐三菩提，號金寶蓋山王如來、應供、正遍知、明行足、善逝、世間解、無上士、調御丈夫、天人師、佛、世尊。乃至是佛般涅槃後，正法像法皆滅盡已，長子銀相當於是界次補佛處，世界爾時轉名淨幢，佛名閻浮檀金幢光照明如來、應供、正遍知、明行足、善逝、世間解、無上士、調御丈夫、天人師、佛、世尊。乃至是佛般涅槃後，正法像法悉滅盡已，次子銀光復於是後次補佛處，世界名字如本不異，佛號曰金光照如來、應供、正遍知、明行足、善逝、世間解、無上士、調御丈夫、天人師、佛、世尊。」是十千天子，聞三大士得受記莂，復聞如是金光明經，聞已歡喜，生殷重心，心無垢累，如淨琉璃，清淨無礙，猶如虛空。爾時如來知是十千天子善根成熟，即便與授菩提道記：「汝等天子，於當來世，過阿僧祇百千萬億那由他劫，於是世界，當成阿耨多羅三藐三菩提，同共一家一姓一名，號曰青目優鉢羅華香山如來、應供、正遍知、明行足、善逝、世間解、無上士、調御丈夫、天人師、佛、世尊。如是次第出現於世凡一萬佛。」

爾時道場菩提樹神，名等增益，白佛言：「世尊！是十千天子於忉利宮為聽法故，故來集此，云何如來便與授記？世尊！我未曾聞是諸天子修行具足六波羅蜜，亦未曾聞捨於手足頭目髓腦、所愛妻子、財寶穀帛，金銀、琉璃、硨磲❶、碼碯、真珠、珊瑚、珂貝、璧玉、甘饌飲食、衣服臥具、病瘦醫藥、象馬車乘、殿堂屋宅、園林泉池、奴婢僕使，如餘無量百千菩薩以種種資生供養之具，恭敬供養過去無量百千萬億那由他等諸佛世尊。如是菩薩於未來世亦捨無量所重之物，頭目髓腦、所愛妻子、財寶穀帛乃至僕使，次第修行，成就具足六波羅蜜。成就是已，備修苦行❷，動經無量無邊劫數，然後方得受菩提記。世尊！是天子等何因何緣，修行何等勝妙善根，從彼天來暫得聞法便得受記，惟願世尊，為我解說，斷我疑網。」爾時佛告樹神善女天：「皆有因緣，有妙善根，以隨相修。何以故？以是天子於所住處捨五欲樂❸，故來聽是《金光明經》，既聞法已，於是經中淨心殷重，如說修行；復得聞此三大菩薩受於記莂，亦以過去本昔發心誓願因緣，是故我今皆與授記，於未來世，當成阿耨多羅三藐三菩提。」

【譯文】

那時，世尊將為信相菩薩和他的兩個兒子銀相、銀光授阿耨多羅三藐三菩提記。這時即有以威德熾王為上首的十千天子一起從忉利天來到佛說法道場，頂禮佛足，在一邊坐下。那時佛對信相菩薩說：「你於未來世經過無量無邊百千萬億不可稱計那由他劫之後，在金照世界將證得阿耨多羅三藐三菩提，佛號為金寶蓋山王如來、應供、正遍知、明行足、善逝、世間解、無上士、調御丈夫、天人師、佛、世尊。及至這位佛入大涅槃後，正法像法都已滅盡之後，長子銀相將在這個世界隨後成佛，那時世界的名稱轉為叫淨幢，佛名號為閻浮檀金幢光照明如來、應供、正遍知、明行足、善逝、世間解、無上士、調御丈夫、天人師、佛、世尊。及至這位佛入大涅槃後，正法像法都已滅盡之後，次子銀光又將隨後成佛，世界名字同原來一樣，佛號為金光照如來、應供、正遍知、明行足、善逝、世間解、無上士、調御丈夫、天人師、佛、世尊。」在旁邊的十千天子聽到三大士被授記，又聽聞了這部《金光明經》，心大歡喜，生起了極大的敬重之心，心如同淨琉璃那樣清淨無垢，如同虛空那樣清淨無礙。這時，如來知道這十千天子的善根成熟了，就給他們授菩提道記說：「你們十千天子於未來世，經過無數百千萬億那由他劫之後，將在這個世界證得阿耨多羅三藐三菩提，同為一家，同一種姓，同一名號，名號為青目優缽羅華香山如來、應供、正遍知、明行足、善逝、世間解、無上士、調御丈夫、天人師、佛、世尊，這樣次第出現於世，共一萬位佛。」

那時道場的菩提樹神，名叫等增益，對佛說：「世尊！這十千天子為了聽法的緣故從忉利天來到這裡，為什麼如來就給他們授記呢？世尊！我未聽說過這些天子修行具足了六波羅蜜，也沒有聽說過他們施捨了手足、頭顱、眼睛、骨髓、大腦等，所珍愛的妻子、財寶、糧食、布帛等，金、銀、琉璃、硨磲、瑪瑙、真珠、珊瑚、珂貝、璧玉等，美味飲食、衣服、床具、醫藥等，以及象馬車輛、殿堂屋宅、園林泉池、奴婢僕使等；就像其他無量百千的菩薩，以種種資生供養之具，恭敬供養過去無量百千萬億那由他等諸佛世尊，這些菩薩也於未來世，施捨了無量的珍愛難捨之物，如頭目髓腦，所愛的妻子、財寶、穀物布帛乃至僕從等等，就這樣次第修行，成就具足了六波羅蜜。成就了這些功德，還需要修許多的苦行，動輒經過無量無邊的劫數，然後才能得到證菩提成佛的授記。世尊！這些天子是什麼因緣，修行了什麼勝妙善根，從他們天宮來，聽了一會兒的法，就得到授記。特別希望世尊為我解說，斷除我的疑網。」那時佛告訴樹神善女天說：「這都是有因緣的，因為他們有勝妙善根，也因為他們能隨順如來法教而修行。為什麼呢？這些天子在他們住的宮殿中捨棄了五欲之樂，來聽這部《金光明經》，聽經之後，對這部經生起了至誠敬信，能夠像經中說的那樣修行；又能夠聽到給三大菩薩授予記別，也因為他們過去世本來就有過發菩提心的誓願因緣，因此我都給他們授記，於未來世將證得阿耨多羅三藐三菩提。」

【注釋】

❶ 硨磲：一種玉，七寶之一。

❷ 苦行：身體所難以承受的種種艱苦修行。

❸ 五欲樂：指染著色、聲、香、味、觸等五境所起之情欲快樂。

除病品第十五

本品通過佛陀的本生故事流水長者子的事蹟，敘說大乘菩薩行的救苦救難實際行動。佛陀過去世，曾經是一位流水長者子，在遇到瘟疫流行的時候發心學醫，療治眾生的病苦，於是成為名醫，解除了城市鄉村眾多人的病苦，受到大家的讚揚，稱他為「大醫王」。佛經中常以「大醫王」喻稱佛陀善能療治眾生煩惱三毒之病，隨病授藥，令得解脫，謂之法藥；猶如世間之良醫善能醫治眾病，謂之世藥。本經中的流水長者子法藥與世藥並施，特別顯示大乘菩薩行中濟度眾生苦難的現實行動。經中細緻講述了流水長者子學習醫法的過程和內容，突出了為療治眾生疾苦而付諸實際行動的過程，其法藥與世藥並施的菩薩行思想，與《藥師經》十二大願以及《華嚴經》善財童子五十三參中第十六參普眼居士了知一切眾生諸病並滿足眾生所有需求的思想相一致。

佛告道場菩提樹神：「善女天！諦聽諦聽！善持憶念！我當為汝演說往昔誓願因緣。過去無量不可思議阿僧祇劫，爾時有佛出現於世，名曰寶勝如來、應供、正遍知、明行足、善逝、世間解、無上士、調御丈夫、天人師、佛、世尊。善女天！爾時是佛般涅槃後正法滅已，於像法中有王名曰天自在光王，修行正法，如法治世，人民和順，孝養父母。是王國中有一長者名曰持水，善知醫方，救諸病苦，方便巧知四大增損。善女天！爾時持水長者家中後生一子名曰流水，體貌殊勝，端正第一，形色微妙，威德具足，受性聰敏，善解諸論，種種技藝、書疏、算計無不通達。是時國內天降疫病，有無量百千諸眾生等皆無免者，為諸苦惱之所逼切。善女天！爾時流水長者子見是無量百千眾生受諸苦惱故，為是眾生生大悲心，作是思惟：如是無量百千眾生受諸苦惱，我父長者雖善醫方，能救諸苦，方便巧知四大增損，年已衰邁，老耄枯悴❶，皮緩面皺，羸瘦顫掉，行來往反要因幾杖，困頓疲乏，不能至彼城邑聚落，而是無量百千眾生，復遇重病，無能救者。我今當至大醫父所諮問治病醫方祕法，諮稟知已❷，當至城邑聚落村舍治諸眾生種種重病，悉令得脫無量諸苦。時長者子思惟是已，即至父所，頭面著地，為父作禮，叉手卻住，以四大增損而問於父。即說偈言：

云何當知，四大諸根，衰損代謝，而得諸病；
云何當知，飲食時節，若食食已，身火不滅❸；
云何當知，治風及熱，水過肺病❹，及以等分❺；

何時動風，何時動熱，何時動水，以害眾生。

時父長者，即以偈頌，解說醫方，而答其子：

三月是夏，三月是秋，三月是冬，三月是春，

是十二月，三三而說，從如是數，一歲四時。

若二二說，足滿六時❻。

三三本攝，二二現時。

隨是時節，消息飲食，是能益身，醫方所說。

隨時歲中，諸根四大，代謝增損，令身得病。

有善醫師，隨順四時，三月將養，調和六大❼，

隨病飲食，及以湯藥。

多風病者，夏則發動；其熱病者，秋則發動；

等分病者，冬則發動；其肺病者，春則增劇。

有風病者，夏則應服，肥膩鹹酢❽，及以熱食；

有熱病者，秋服冷甜；等分冬服，甜酢肥膩；

肺病春服，肥膩辛熱。

飽食然後，則發肺病；於食消時，則發熱病；

食消已後，則發風病；如是四大，隨三時發。
風病羸損，補以酥膩⑨；熱病下藥，服訶梨勒⑩；
等病應服，三種妙藥，所謂甜辛，及以酥膩；
肺病應服，隨能吐藥。
若風、熱病，肺病、等分，違時而發，
應當任師，籌量隨病，飲食湯藥。

善女天！爾時流水長者子問其父醫四大增損，因是得了一切醫方。時長者子知醫方已，遍至國內城邑聚落，在在處處，隨有眾生病苦者所，軟言慰喻，作如是言：我是醫師，我是醫師！善知方藥！今當為汝療治救濟，悉令除愈。善女天！爾時眾生聞長者子軟言慰喻，許為治病，心生歡喜，踊躍無量。時有百千無量眾生遇極重病，直聞是言，心歡喜故，種種所患，即得除差⑪，平復如本，氣力充實。善女天！復有無量百千眾生病苦深重難除差者，即共來至長者子所，時長者子即以妙藥授之令服，服已除差，亦得平復。善女天！是長者子於其國內治諸眾生所有病苦，悉得除差。」

【譯文】

佛對道場菩提樹神說：「善女天！諦聽諦聽！善為記憶！我現在為你講過去世的誓願因緣。過去無量不可思議阿僧祇劫，那時有佛出現於世，名叫寶勝如來、應供、正遍知、明行足、善逝、世間解、無上士、調御丈夫、天人師、佛、世尊。善女天！那時這位佛入大涅槃後，正法滅了之後，在像法中有一位國王名叫天自在光王，修行正法，如法治世，人民和順，孝養父母。這個國王的國中有一位長者名叫持水，善知醫方，治病救苦，精通人體地水火風四大的增減病因。善女天！那時持水長者家中生了一個兒子名叫流水，相貌殊勝，端正第一，神采微妙，威德具足。秉性聰敏，善解經論，種種技藝、書寫算術無不通達。這時國內發生了流行疫病，有無量百千的眾生等都不能倖免，受到種種病苦逼迫。善女天！那時，流水長者子看到無量百千的眾生遭受流行病的痛苦之後，為了救助這些眾生而生起了大悲心。他心中想，這樣無量百千的眾生受到病苦，我父親是個長者，雖然精通醫方，能救病苦，巧知人體四大增減病因，但是年紀老邁，身體衰枯，面布皺紋，瘦弱不支，行走要靠拄杖，氣力微小不能到城市村落中，而這些無量百千的眾生，遇到了重病無人救治。我現在應當到大醫父那裡諮問學習治病醫方和秘法，學會以後，就可以去城市村落中治療眾生的種種重病，讓他們都脫離病苦。流水這樣想之後，就到了父親那裡，頭面著地，為父親作禮。然後坐下來問父親人體四大增減的醫法，以偈語問道：

云何當知身四大，衰損代謝得諸病；

云何當知食時節，若食、食已命火存；

云何當知治風、熱，水過肺病及等分；

何時動風何時熱，何時動水及等分。

那時父親長者也以偈頌解說醫方，回答兒子道：

三月是夏三月秋，三月是冬三月春，
十二月中三三說，如此一年有四時。
若二二說為六時，三三本攝二二時。
隨此時節調配食，能夠益身醫方說。
此身四大隨時節，代謝增損身得病，
醫師當知順四時，三月調養和六大，
隨症調食下湯藥。
多風病者夏發動，其熱病者秋發動，
等分病者冬發動，其肺病者春增劇。
有風病者夏應服，肥膩鹹、酢及熱食；
熱病秋服冷與甜；等分冬服甜、酢、膩；
肺病春服膩、辛、熱。
飽食然後發肺病，於食消時發熱病，
食消已後發風病，如是四大三時發。

風病羸損補酥膩，熱病下藥訶梨勒，
等分應服三妙藥，所謂甜、辛及酥膩，
肺病應服能吐藥。
如果風、熱、肺、等分，違時而發應當知，
醫師觀症施湯藥。

善女天！那時流水長者子問了父親四大增減的醫法之後，通達了一切醫方。流水長者子了知醫方後，就到國內城市村落各個地方，隨處到患病人那裡，親切安慰說：我是醫師，我是醫師，善知藥方，現在就為你們治療救助，讓你們的病都得到痊癒。善女天！那時眾生聽到流水長者子的親切慰問、要為他們治好病後，心生歡喜，踴躍無量。這時，有無量百千的眾生，患上了極重的病，聽到了這個消息後，因為心大歡喜的緣故，種種病患都好了，恢復了健康，身體氣力充足。善女天！又有無量百千的眾生，病苦深重，很難治癒，都來到流水長者子的住所，這時流水就給他們服用對症的妙藥，服了以後病就好了。善女天！這位流水長者子，在他的國內給所有的眾生治病，讓所有的病苦都得到了解除。」

【注釋】

❶ 耄：高齡。古稱約八、九十歲的年紀。

❷ 諮：徵詢。

❸ 身火：指體內元陽真火，故後文譯為「命火」。

❹ 脉：有版本為脉字，同「肺」。義淨譯文為「痰癊」（心病）。故這裡「肺」字乃是指與風、熱對應的痰濕類病，不是嚴格指肺臟病。

❺ 這裡主要論說了四種類型的病症：風病、熱病、水過肺病、等分病，義淨譯文為「風、熱、痰癊及以總集」。「等分」病，義淨譯文為「總集」，一種解釋是按照一年四季的理論，各個季節都會有的病；一種解釋是前面說的風、熱、肺三種病症都有的病。

❻ 六時：義淨譯文為：「二二為一節，便成歲六時：初二是花時，三四名熱際，五六名雨際，七八謂秋時，九十是寒時，後二名冰雪。」

❼ 六大：《金光明經文句》說為六腑，或為六根。

❽ 醎：鹵水。酢：醋，他本作「酸」字。

❾ 酥膩：如同肥膩，酥之濃厚者。

❿ 訶梨勒：果名，譯曰「天主將來」。五藥之一，又曰「訶子」。善見律十七云：「訶羅勒，大如棗大，其味酢苦，服便利。」

⓫ 差：同「瘥」，病癒之義。

卷四

流水長者子品第十六

以實際行動救護眾生，法藥和世藥並施的思想，在〈流水長者子品〉中體現得更為充分。本品接續上一品流水長者子醫師的故事。流水長者子在一次治病途中，遇到一個水池中有十千魚因為沒有水快要被曬死了，流水長者子就與兩個兒子想辦法從國王那裡借來二十頭大象馱水倒入水池中，終於救活了十千魚，又從家裡取回吃的東西餵魚，又給這十千魚念誦寶勝如來名號及說十二因緣法，使之轉生忉利天，終於救度了池水中的十千魚。特別要注意本品對於流水長者子救度十千魚的實際行動過程的細緻描述，這裡絲毫沒有大乘經論中經常出現的不可思議神蹟內容，而是通過流水長者子父子三人以凡夫力量得以達成的實際行動。這顯示本經所宣說的大乘菩薩行立足於發心救度眾生的真切行願，對於以實際行動解除眾生當下的苦難、獲得當下的安樂給予了特別重視。以當今動物保護和環境保護的先進理念來說，流水長者子的自覺行為可以說代表了佛教的生態倫理思想。十千魚從被救活到轉生忉利天乃至被授記的故事，對於顯示大乘菩薩行法藥與世藥並施的精神具有特別的隱喻意義。漢傳佛教最初設立放生池，與本品有莫大關係，通行的「放生儀軌」也參照了本品內容。

佛告樹神：「爾時流水長者子，於天自在光王國內，治一切眾生無量苦患已，令其身體平復如本，受諸快樂。以病除故，多設福業❶，修行布施，尊重恭敬是長者子，作如是言：善哉長者！能大增長福德之事，能益眾生無量壽命，汝今真是大醫之王！善治眾生無量重病，必是菩薩，善解方藥！善女天！時長者子有妻名曰水空龍藏，而生二子：一名水空，二名水藏。時長者子將是二子，次第遊行城邑聚落，最後到一大空澤中，見諸虎狼狐犬鳥獸多食肉血，悉皆一向馳奔而去。時長者子作是念言：是諸禽獸何因緣故一向馳走？我當隨後逐而觀之。時長者子遂便隨逐，見有一池，其水枯涸❷，於其池中，多有諸魚。時長者子見是魚已，生大悲心。時有樹神示現半身，作如是言：『善哉善哉！大善男子！此魚可愍❸，汝可與水，是故號汝名為流水。復有二緣名為流水：一能流水，二能與水。汝今應當隨名定實。』時長者子問樹神言：『此魚頭數為有幾所？』樹神答言：『其數具足，足滿十千。』善女天！爾時流水聞是數已，倍復增益生大悲心。善女天！時此空池為日所曝❹，唯少水在，是十千魚將入死門，四向宛轉，見是長者心生恃賴，隨是長者所至方面，隨逐瞻視，目未曾捨。是時長者馳趣四方，推求索水，了不能得。便四顧望，見有大樹，尋取枝葉，還到池上，與作陰涼。作陰涼已，復更推求是池中水本從何來，即出四向周遍求覓，莫知水處。復更疾走遠至餘處，見一大河名曰水生。爾時復有諸餘惡人，為捕此魚故，於上流懸險之處決棄其水不令下過。然其決處懸險難補，計當修治經九十日，百千人功猶不能成，況我一身。時長者子速疾還反至大王所，頭面禮拜，卻住一面，合掌向王說其因緣，作如是言：『我為大王國土人民治種種病，漸漸遊行，至彼空澤，見有一池，其水枯涸，有十千魚，為日所曝，今日困厄，將死不久。惟願大王，借二十大象，令得負水，濟彼魚命，如我與諸病人壽命。』爾時大王即敕大臣速疾供給。爾時大臣奉王告敕，語是長者：『善哉大士！汝今自可至象廄中隨意選取，利益眾生，令得快樂。』是時流水及其二子將二十大象，從治城人借索皮囊，疾至彼河上流決處盛水象負，馳疾奔還，至空澤池，從象背上下其囊水，瀉置池中，水遂彌滿，還復如本。時長者子於池四邊彷徉而行，是魚爾時亦復隨逐，循岸而行。時長者子復作是念：是魚何緣隨我而行，是魚必為飢火所惱，復欲從我求索飲食，我今當與。善女天！爾時流水長者子告其子言：『汝取一象最大力者，速至家中，啟父長者，家中所有可食之物，乃至父母飲噉之分及以妻子奴婢之分，一切聚集，悉載象上，急速來還。』爾時二子如父教敕，乘最大象往至家中，白其祖父說如上事。爾時二子收取家中可食之物，載象背上疾還父所，至空澤池。時長者子見其子還，心生歡喜，踴躍無量。從子邊取飲食之物散著池中，與魚食已，即自思惟：我今已能與此魚食，令其飽滿，未來之世，當施法食。復更思惟：曾聞過去空閑之處有一比丘，讀誦大乘方等經典，其經中說：若有眾生臨命終時，得聞寶勝如來名號，即生天上。我今當為是十千魚解說甚深十二因緣❺，亦當稱說寶勝佛名。時閻浮提中有二種人：一者深信大乘方等❻，二者毀呰不生信樂❼。時長者子作是思惟：我今當入池水之中為是諸魚說深妙法。思惟是已，即便入水，作如是言：南無過去寶勝如來、應供、正遍知、明行足、善逝、世間解、無上士、調御丈夫、天人師、佛、世尊。寶勝如來本往昔時，行菩薩道作是誓願：若有眾生於十方界，臨命終時聞我名者，當令是輩即命終已尋得上生三十三天。爾時流水復為是魚解說如是甚深妙法：所謂無明緣行，行緣識，識緣名色，名色緣六入，六入緣觸，觸緣受，受緣愛，愛緣取，取緣有，有緣生，生緣老死憂悲苦惱。

「善女天！爾時流水長者子及其二子，說是法已，即共還家。是長者子復於後時賓客聚會醉酒而臥，爾時其地卒大震動。時十千魚同日命終，既命終已生忉利天，既生天已作是思惟：我等以何善業因緣得生於此忉利天中。復相謂言：我等先於閻浮提內墮畜生中，受於魚身，流水長者子與我等水及以飲食，復為我等解說甚深十二因緣，并稱寶勝如來名號，以是因緣令我等輩得生此天，是故我等今當往至長者子所報恩供養。爾時十千天子從忉利天下閻浮提，至流水長者子大醫王家。時長者子在樓屋上露臥眠睡。是十千天子以十千真珠天妙瓔珞置其頭邊，復以十千置其足邊，復以十千置右脅邊，復以十千置左脅邊，雨曼陀羅華、摩訶曼陀羅華，積至於膝，作種種天樂，出妙音聲。閻浮提中有睡眠者皆悉覺寤，流水長者子亦從睡寤。是十千天子於上空中飛騰遊行，於天自在光王國內處處皆雨天妙蓮華。是諸天子復至本處空澤池所，復雨天華，便從此沒，還忉利宮，隨意自在，受天五欲。時閻浮提過是夜已，天自在光王問諸大臣：『昨夜何緣示現如是淨妙瑞相，有大光明？』大臣答言：『大王當知，忉利諸天於流水長者子家雨四十千真珠瓔珞及不可計曼陀羅華。』王即告臣：『卿可往至彼長者家，善言誘喻，喚令使來。』大臣受敕即至其家，宣王教令，喚是長者。是時長者尋至王所，王問長者：『何緣示現如是瑞相？』長者子言：『我必定知是十千魚其命已終。』時大王言：『今可遣人審實是事。』爾時流水尋遣其子至彼池所，看是諸魚死活定實。爾時其子聞是語已，向於彼池，既至池已，見其池中多有摩訶曼陀羅華，積聚成積❽，其中諸魚悉皆命終。見已即還，白其父言：『彼諸魚等悉已命終。』爾時流水知是事已，復至王所，作如是言：『是十千魚悉皆命終。』王聞是已，心生歡喜。」

「爾時世尊告道場菩提樹神：善女天！欲知爾時流水長者子，今我身是。長子水空，今羅睺羅是❾。次子水藏，今阿難是❿。時十千魚者，今十千天子是，是故我今為其授阿耨多羅三藐三菩提記。爾時樹神現半身者，今汝身是。」

【譯文】

佛告訴樹神：「那時流水長者子，在天自在光王的國內治好了一切眾生的無量苦患後，使他們的身體康復如初，得到快樂。眾生因為病苦解除的緣故，多造福業，修行布施，尊重恭敬這位流水長者子，並稱讚說：『善哉長者！能做大增長福德的事，能夠利益無量眾生的壽命，您真是一位大醫王啊！善於治療眾生的無量重病，善解藥方，必定是一位菩薩！』善女天！那時流水長者子有妻子名叫水空龍藏，生了兩個兒子，大兒子名叫水空，二兒子名叫水藏。流水長者子帶著兩個兒子，在城市村落中依次遊走行醫。經過一處大空地沼澤中，見許多虎狼狐犬等鳥獸多吃肉血，都朝一個方向奔跑而去。這時流水長者子起了疑念，這些鳥獸朝一個方向奔跑是什麼緣故呢？我應該跟隨過去看一看。流水長者子於是就跟過去，最後看見有一個大池，中間的水源枯竭接近乾涸。大池中有許多的魚，流水長者子看見魚生命危險而生起了大悲心。這時有一個樹神示現了半身，對流水說：『善哉，善哉！大善男子！這些魚真可憐，你應給他們找些水來，這樣你才稱得上名叫流水。又有兩種因緣稱名為流水，一是能流水，二是能給與水。你現在應該隨名定實。』這時流水長者子問樹神說：『這裡共有多少條魚？』樹神回答說：『數目為整，恰好十千。』善女天！那時流水聽到這麼多數目後，心中更加生起了悲心。善女天！這時大空池被太陽曝曬，只有很少的水。這十千魚將入死門，四處洄游，遇見了流水長者子，心中生起了依賴，流水走向什麼方向，都跟隨游到什麼方向，眼巴巴地一直凝視著流水長者子。這時流水長者子急忙四處找水，多方尋求卻了無所得。四下觀望，看見大樹上的樹葉子，就摘下來拿到池上給魚暫做蔭涼。這樣做了之後，又更尋求池中的水是從哪裡來的，就在池四周到處查找，沒有找到水源之處。又趕快走到更遠的地方，發現了一條大河，河名叫水生。那時卻有許多惡人，為了捕捉這些魚，故意在河上流的險隘之處，朝一邊決開河水，讓水不能正常流到大池中。但是這個決口處，危險難補，長者子想：需要九十天才能夠修好，而且數百千的人也未必能夠成功，何況就我一個人。這時流水長者子急速回到國王那裡，敬禮之後在一邊合掌，對國王稟告了這件事。他說：『我為國土人民治療種種病，漸次遊走，到了一處大空地沼澤中，見有一個大池，其中的水快枯涸了，有十千魚被太陽曝曬，遭受困厄，都快要死了。希望大王借給我二十頭大象，讓這些大象馱水，救活那些魚的命，如同我治好病人的病一樣。』那時國王就下令給大臣，讓迅速供給。這時大臣根據國王的敕令，對流水長者子說：『善哉，大士！你現在就可以到象廏中隨意選用，利益眾生，讓牠們得到快樂。』這時流水長者子和他的兩個兒子，牽著二十頭大象，向城裡的人借了皮囊，趕緊到那條河上流的決口處，用皮囊盛上水，用象馱著飛奔到大池，把水倒入池中。就這樣池水又滿滿的，恢復到了原來一樣。這時流水長者子在池四邊徜徉而行，池中這些魚又跟隨著他在池邊游來游去。這時流水又想：『這些魚為什麼又隨我而行呢？這些魚一定是腹中飢餓，想從我這裡索要食物，我現在就給牠們。』善女天！那時流水長者子對他兒子說：『你牽一頭力氣最大的象，趕快回到家中，稟告老父長者，讓把家中所有可吃的食物，乃至父母要吃的部分以及妻子奴婢要吃的部分，都收集在一起，裝在象上，快快馱回。』兩個兒子遵照父親的指示，騎著力氣最大的大象回到家裡，稟告了祖父上述事。那時，兩個兒子收集了家中的食物，裝在象背上又快速返回水池處。這時流水長者子看到兒子馱來了食物，心生歡喜，踴躍無量。即取下食物，散在池中，餵給魚吃。心中並想，我現在已經能讓這些魚吃飽，未來之世，應當給牠們施以法食。又更思維，過去曾經聽過樹林阿蘭若處有一位比丘讀誦大乘方等經典，經中說：若有眾生臨命終時，能夠聽聞到寶勝如來的名號，就能生到天上。我現在應當給這十千魚解說甚深十二因緣法，也應當稱說寶勝佛的名號。當時閻浮提中有兩類人：一類人深信大乘方等經典，另一類人則誹謗而沒有信樂。這時流水長者子即思維，我現在應當進入池水中，為這些魚講說深妙的法。這樣思維之後，就進入水池中，這樣宣說：南無過去寶勝如來、應供、正遍知、明行足、善逝、世間解、無上士、調御丈夫、天人師、佛、世尊。寶勝如來在往昔行菩薩道時發過這樣的誓願，如果有十方世界的眾生，在臨命終時聽到我的名號，就讓這些人命終之後隨即上生三十三天。那時，流水長者子又為這些魚解說這樣的甚深妙法：所謂無明緣行、行緣識、識緣名色、名色緣六入、六入緣觸、觸緣受、受緣愛、愛緣取、取緣有、有緣生、生緣老死憂悲苦惱。

「善女天！那時流水長者子和他的兩個兒子說了法後，一起回到家裡。這位流水長者子又在後來的一次賓客聚會上，喝醉了酒，睡在那裡。那時大地忽然發生大震動，這十千魚同日命終，命終之後一起生到了忉利天。生天以後都這樣想，我們以什麼善業因緣能夠生到此忉利天中。又互相說：我們先前在閻浮提內，墮入了畜生中，受報為魚身。流水長者子給我們水及飲食救活了我們，又為我們解說甚深十二因緣，並稱寶勝如來名號，因為這樣的因緣使得我們得生此天，因此我們現在應當到流水長者子住處報恩供養。那時十千天子從忉利天下到閻浮提，來到流水長者子大醫王的家。這時流水長者子在屋子樓上袒身眠睡。這十千天子把十千個真珠天妙瓔珞放在他的頭邊，又以十千個放在足邊，又以十千個放在右脅邊，又以十千個放在左脅邊；從天空撒下了曼陀羅華、摩訶曼陀羅華，積到了膝蓋，演奏出種種天樂的美妙音聲。閻浮提中正在睡眠的人都醒來了，流水長者子也醒來了。這十千天子在天空中飛騰遊行，在天自在光王的國內處處散下了大妙蓮華。這些天子又到他們原來所在的大空地沼澤中水池處，遍降天華，即從空中消失，回到了忉利天宮，隨意自在，享受天人的五欲快樂。這時閻浮提內經過這個夜晚後，天自在光王問諸位大臣：『昨夜是什麼因緣，出現了這樣的淨妙瑞相，有大光明出現。』大臣回答說：『大王您當知，忉利天的各位天子在流水長者子家中，降下了四萬件真珠瓔珞及不可計數的曼陀羅華。』國王即告訴大臣：『卿相你去那位長者的家中，好言軟語，讓他來王宮。』大臣受命後就到了流水家，宣說了國王的教令，請長者到王宮。這時流水長者子就到了王宮。國王問流水長者子：『什麼因緣出現了這樣的瑞相？』流水長者子說：『我知道必定是十千魚命終後轉生到了忉利天上。』這時國王說：『現在就派人核實這件事。』那時流水就派他的兒子到那個大池處，看看那些魚的情形。他的兒子聞命後就到了大池處，見池中有許多大曼陀羅華，積聚成堆，其中的魚都已經死了。看後就返回稟告他父親說：『那些魚都已經命終。』那時流水確知這事後，又到國王處說：『的確是十千魚都已經命終。』國王聽後心生歡喜。」

那時世尊告訴道場菩提樹神說：「善女天！你要知道，那時的流水長者子，就是現在的我；長子水空，就是現在的羅睺羅；次子水藏，就是現在的阿難。那時的十千魚，就是現在的十千天子，因此我給他們授阿耨多羅三藐三菩提記。那時現了半身的樹神，就是現在的你啊。」

【注釋】

❶福業：能夠帶來福報的善行為。

❷涸：水枯竭。

❸愍：哀憐。

❹曝：曬。

❺十二因緣：又名十二緣起，即謂無明緣行，行緣識，識緣名色，名色緣六處（六入），六處緣觸，觸緣受，受緣愛，愛緣取，取緣有，有緣生，生緣老死。

❻方等：十二部經之一。指廣說廣大甚深之義的大乘經典。故大乘經典亦稱大乘方等經典。

❼呰：同「訾」，詆毀。

❽積：積聚；（草）堆。

❾羅睺羅：釋迦牟尼佛的兒子。

❿阿難：全稱「阿難陀」。意為「歡喜」、「慶喜」、「無染」。係佛陀堂弟，出家後二十餘年做佛陀的侍者。善記憶，對於佛陀的說法多能記誦，被譽為「多聞第一」，為佛陀十大弟子之一。

捨身品第十七

本品所述的捨身飼虎是佛教中著名本生故事。因道場菩提樹神的請問，佛陀講述了過去世捨命救活餓虎的感人故事。過去世佛陀曾是一位國王的第三兒子，名叫薩埵王子，長得非常端嚴。有一天兄弟三人去樹林中遊觀，遇到一隻母虎產了七隻小虎，因沒有吃的快要餓死了，於是薩埵王子就捨自己的身體餵虎，救活了母虎和七隻小虎。隨後他的父王收集遺骸在薩埵王子捨身處建造了七寶塔作為紀念。通過佛陀過去世作為薩埵王子捨身飼虎的本生故事，一方面表達了大乘菩薩行捨己為人的獻身精神，另一方面也突出了大乘菩薩行中為求一切種智、以大悲心救度眾生，通過捐捨身命血肉骨髓而達成難行能行、難捨能捨的為法忘軀的勇猛願行。這一段故事在大乘佛教中極為著名，與〈法華經藥王菩薩本事品〉中藥王菩薩燃身供佛和《大涅槃經》卷十四中雪山童子為求半偈而捨身給羅剎的故事齊名。經中所講的禮塔因緣，也促進了大乘中的舍利崇拜。

爾時道場菩提樹神復白佛言：「世尊！我聞世尊過去修行菩薩道時，具受無量百千苦行，捐捨身命肉血骨髓，惟願世尊少說往昔苦行因緣，為利眾生，受諸快樂。」爾時世尊即現神足，神足力故，令此大地六種震動❶，於大講堂眾會之中有七寶塔從地湧出，眾寶羅網彌覆其上。爾時大眾見是事已，生希有心。爾時世尊即從座起，禮拜是塔，恭敬圍繞，還就本座。爾時道場菩提樹神白佛言：「世尊！如來世雄出現於世，常為一切之所恭敬，於諸眾生最勝最尊，何因緣故禮拜是塔？」佛言：「善女天！我本修行菩薩道時，我身舍利安止是塔❷，因由是身，令我早成阿耨多羅三藐三菩提。」爾時佛告尊者阿難：「汝可開塔，取中舍利，示此大眾。是舍利者，乃是無量六波羅蜜功德所熏。」爾時阿難聞佛教敕即往塔所，禮拜供養，開其塔戶，見其塔中有七寶函，以手開函，見其舍利色妙紅白，而白佛言：「世尊！是中舍利其色紅白。」佛告阿難：「汝可持來，此是大士真身舍利。」爾時阿難即舉寶函，還至佛所，持以上佛。爾時佛告一切大眾：「汝等今可禮是舍利。此舍利者是戒定慧之所熏修，甚難可得，最上福田❸。」爾時大眾聞是語已，心懷歡喜，即從座起，合掌敬禮大士舍利。

【譯文】

那時，道場菩提樹神又對佛說：「世尊！我聽聞世尊過去修行菩薩道的時候，受了無量百千的苦行，捐捨了身命、血肉、骨髓等。唯願世尊大略給我們說一些往昔的苦行因緣，以利益眾生，得到快樂。」那時世尊即現神足通，由神足力使得大地發生六種震動。在大講堂眾會中，有七寶塔從地湧出，眾寶羅網覆蓋其上。大眾見到這事後都生起了稀有想。那時世尊即從座位上起來，禮拜此塔，恭敬圍繞後又回到座位上。這時道場菩提樹神對佛說：「世尊！如來大雄出現在世間，常為一切有情所恭敬，在諸眾生中最勝最尊，是因什麼緣故而禮拜這個塔呢？」佛說：「善女天！我原來過去世修行菩薩道的時候，我的身舍利安放在這個塔中，由於這個身的緣故，使我提早成就了阿耨多羅三藐三菩提。」那時佛對尊者阿難說：「你可以打開這個塔，取出其中的舍利給與會大眾看。這個舍利，乃是無量六波羅蜜功德所熏修而得來。」阿難聽了佛的教敕後就到塔前，禮拜供養後打開塔門，見塔中有一個七寶函，開函後見有舍利子，顏色妙潔，有紅的，有白的。就稟告佛說：「世尊！裡面的舍利顏色有紅有白。」佛對阿難說：「你可以拿來，這是大士的真身舍利。」那時阿難即捧著七寶函，到了佛前，奉上給佛。那時佛告訴一切大眾：「你們現在可以來禮拜這個舍利。這個舍利是戒定慧功德所熏修而成的，極為難得，是最上福田。」那時大眾聽聞佛這樣說之後，心懷歡喜，即從座位上起來，合掌敬禮大士的舍利。

【注釋】

❶六種震動：指大地震動的六種相。《大品般若經》卷一序品，依地動之方向，舉出東湧西沒、西湧東沒、南湧北沒、北湧南沒、邊湧中沒、中湧邊沒等六相。《華嚴經》卷十六則舉出動、起、湧、震、吼、擊等六相，各相復分小、中、大等三種，故計有動、遍動、等遍動，起、遍起、等遍起，湧、遍湧、等遍湧，震、遍震、等遍震，吼、遍吼、等遍吼，擊、遍擊、等遍擊等十八相。

❷舍利：意為體、身、身骨或遺身。最早指佛陀去世火化之後留下的遺骨、堅固子，後來也指高僧去世火化後遺留的骨或堅固子。依《長阿含經》卷四《遊行經》記載，釋迦牟尼佛於拘尸城雙樹間入涅槃後，佛舍利八分，由八個國家各自起塔供養。另據《阿育王傳》卷一載，佛滅度百年後，阿育王收集佛遺存的舍利，建造八萬四千寶塔供養。

❸福田：謂可生福德之田。如農人耕田，能有收穫，凡敬侍佛、僧、父母、悲苦者，則可收穫福德、功德，故稱能出生福德處為福田。

爾時世尊欲為大眾斷疑網故，說是舍利往昔因緣：「阿難！過去之世有王名曰摩訶羅陀❶，修行善法，善治國土，無有怨敵。時有三子端正微妙，形色殊特，威德第一。第一太子名曰摩訶波那羅，次子名曰摩訶提婆，小子名曰摩訶薩埵❷。是三王子於諸園林遊戲觀看，次第漸到一大竹林憩駕止息❸。第一王子作如是言：『我於今日心甚怖懅❹，於是林中將無衰損。』第二王子復作是言：『我於今日不自惜身，但離所愛，心憂愁耳。』第三王子復作是言：『我於今日獨無怖懅，亦無愁惱，山中空寂，神仙所讚，是處閑靜，能令行人安隱受樂。』時諸王子說是語已，轉復前行，見有一虎，適產七日而有七子，圍繞周匝，飢餓窮悴，身體羸瘦，命將欲絕。第一王子見是虎已，作如是言：『怪哉！此虎產來七日，七子圍繞，不得求食，若為飢逼，必還噉子。』第三王子言：『此虎經常所食何物？』第一王子言：『此虎唯食新熱肉血。』第三王子言：『君等誰能與此虎食？』第二王子言：『此虎飢餓，身體羸瘦，窮困頓乏，餘命無幾，不容餘處為其求食，設餘求者命必不濟。誰能為此不惜身命？』第一王子言：『一切難捨，不過己身。』第二王子言：『我等今者以貪惜故，於此身命不能放捨，智慧薄少故，於是事而生驚怖。若諸大士欲利益他，生大悲心為眾生者，捨此身命不足為難。』時諸王子心大愁憂，久住視之，目未曾捨。作是觀已，尋便離去。爾時第三王子作是念言：『我今捨身時已到矣。何以故，我從昔來多棄是身，都無所為，亦常愛護，處之屋宅；又復供給衣服、飲食、臥具、醫藥、象馬車乘，隨時將養，令無所乏，而不知恩，反生怨害，然復不免無常敗壞。復次是身不堅，無所利益，可惡如賊，猶若行廁。我於今日當使此身作無上業，於生死海中作大橋梁。復次若捨此身，即捨無量癰疽瘭疾、百千怖畏❺，是身唯有大小便利，是身不堅，如水上沫，是身不淨，多諸蟲戶，是身可惡，筋纏血塗，皮骨髓腦，共相連持，如是觀察甚可患厭。是故我今應當捨離，以求寂滅無上涅槃，永離憂患、無常、變異，生死休息，無諸塵累。無量禪定智慧功德具足，成就微妙法身，百福莊嚴，諸佛所讚，證成如是無上法身，與諸眾生無量法樂。』是時王子勇猛堪任，作是大願，以上大悲熏修其心，慮其二兄心懷怖懅，或恐固遮為作留難，即便語言：『兄等今者可與眷屬還其所止。』爾時王子摩訶薩埵還至虎所，脫身衣裳置竹枝上，作是誓言：我今為利諸眾生故，證於最勝無上道故，大悲不動捨難捨故，為求菩提智所讚故，欲度三有諸眾生故，欲滅生死怖畏熱惱故。是時王子作是誓已，即自放身臥餓虎前。是時王子以大悲力故，虎無能為。王子復作如是念言：虎今羸瘦，身無勢力，不能得我身血肉食。即起求刀，周遍求之，了不能得，即以乾竹刺頸出血，於高山上投身虎前。是時大地六種震動，日無精光，如羅睺羅阿修羅王捉持障蔽❻。又雨雜華、種種妙香。時虛空中有諸餘天，見是事已，心生歡喜，歎未曾有，讚言：『善哉！善哉！大士！汝今真是行大悲者！為眾生故能捨難捨，於諸學人第一勇健！汝已為得諸佛所讚，常樂住處，不久當證無惱無熱清涼涅槃！』是虎爾時見血流出，污王子身，即便舐血，噉食其肉，唯留餘骨。

【譯文】

這時，世尊為了斷除大眾心中的種種疑團，講說了這個舍利的往昔因緣：

「阿難啊！過去世有一個國王名叫摩訶羅陀，修行善法，以善政治理國土，沒有怨敵。當時他有三個王子，都容貌端正，神采煥發，形色殊特，威德第一。第一王子名叫摩訶波那羅，二王子名叫摩訶提婆，小王子名叫摩訶薩埵。這三個王子，有一天在各處園林中觀看遊戲，後來到了一個大竹林子中停駕休息。第一王子說：『我今天心中甚為驚惶恐懼，在這個林中不會有猛獸來侵害吧。』第二王子隨後說：『我倒是不吝惜自己的身體，只是擔憂所愛的不會有散失吧。』第三王子隨後說：『我今天沒有惶怖，也沒有憂惱。山中空閒幽靜，是神仙的好居所。這個閒靜的地方，能使行人得到安穩快樂。』三位王子各說了自己心想的話後，又宛轉向前走，看到了一隻母虎，剛生產了七隻虎子，已經過了七天，虎子都圍繞在母虎身邊，嗷嗷待哺，母虎卻餓得瘦弱憔悴，身體皮包骨頭，沒有氣力，快要餓死了。第一王子看到這隻虎後說：『奇怪啊，這隻虎生產幼仔後已過七天，七隻虎子圍繞卻沒有奶吃，母虎若是餓極了，肯定要吃幼仔。』第三王子說：『這隻虎經常吃什麼食物？』第一王子說：『這隻虎只吃新鮮的熱血和肉。』第三王子說：『你們誰能給這隻虎找些吃的食物？』第二王子說：『這隻虎餓得身體瘦弱，沒有氣力，快要餓死，來不及在其他地方給找吃的了。如果在其他地方找吃的，肯定要來不及而餓死了。誰能為此不惜身命啊！』第一王子說：『一切難捨中，最難捨的是自己的身體。』第二王子說：『我們現在因為貪惜愛戀自己，對於這個身命不能放下捐捨，因為智慧很少，對於這件事心有恐怖。如果是那些大士，為了利益他人，生出大悲心，為了眾生捨此身命也不足為難。』這時三個王子心中愍念淒傷，站在那裡看餓虎，目不暫捨，徘徊了很長時間才離去。那時第三王子起了這樣的心念，自言自語說：現在我捨身的時候到了。為什麼呢？

我從昔來持此身，然身多棄無所為。

愛護處之於屋宅，復供衣食及臥具，

象馬車乘及醫藥，隨時供養令無乏，

而不知恩反怨害，無常敗壞終棄去。

這個身體危脆不堅，對我並沒有什麼利益；心中經常產生可惡的想法，不過像個賊人；臭穢膿流，不過像個移動的廁所。今天我要用這個身體作一個無上的善業，在生死海中作濟度輪迴的大橋梁。又想，如果捨了此身，即是捨了無量的癰疽惡疾等種種怖畏。這個身體有大小便的不淨，這個身體如同水上泡沫一樣不堅實，這個身體是由許多小蟲聚集起來的，身體是由血脈筋肉、皮骨髓腦等連聚在一起的，細細觀察令人生厭。我現在應當捨棄這個身體，以求寂滅之無上涅槃，永離無常變異等憂患，讓生死得到大休歇處，沒有塵世無常之累；而且獲得無量的禪定智慧功德，具足成就百福莊嚴、為諸佛所讚的微妙法身，既得成就這樣的無上法身，施與一切眾生無量的法樂。這時王子發起了大勇猛心，發出弘誓大願，大悲心切更增加了他的勇猛心。思慮兄長們心懷惶怖，如果看到後一定會堅決阻止他捨棄生命，就對兩位兄長說：「二位兄長先回，我隨後就來。」那時王子摩訶薩埵，回到餓虎處，脫下身上衣裳放在竹枝上，發下了這樣的誓言：

我今為利法界諸眾生，
為證最勝無上菩提道，
大悲不動捨難捨之身，
為求智者所讚之菩提，
欲度三有苦海諸眾生，
欲滅生死輪迴怖畏之熱惱！

這時王子發了這樣的誓言後，就到了飢餓的母虎前放身躺在那裡。由於王子的大慈悲心威德力，母虎伏在那裡未動。王子又想：此虎現在體弱無力，不能吃我的身體血肉。隨即起身尋找一把刀子，到處找也沒找到。於是王子就以乾竹尖刺破了頸部，鮮血湧出，從高山上投身而下，摔在母虎前面。這時大地六種震動，太陽黯淡無光，就像被羅睺羅阿修羅王捉持障蔽了一樣，各種顏色的鮮花妙香如雨一般紛紛從天而降。這時天界諸眾生看到這一幕後，心生歡喜，感歎不已，讚歎說：『太偉大了！太偉大了！大士！您真是一位行大慈悲的人啊！為了救度眾生，難捨能捨，在諸學人中應是第一勇健！您將得到諸佛的稱讚，安住在勝妙喜樂中，不久證得無惱無熱、清涼無上的大涅槃！』餓虎那時見鮮血流出，滿身都是，就開始舐血吃肉，全部吃盡了，只留下一堆骸骨。

【注釋】

❶摩訶羅陀：《文句》云意為「大無罪」，慧沼《金光明最勝王經疏》云意為「大車」。

❷根據《文句》：摩訶波那羅意為「大度」，摩訶提婆意為「大天」，摩訶薩埵意為「大心」。根據《金光明最勝王經疏》，摩訶波那羅意為「大渠」，摩訶提婆意為「大天」，摩訶薩埵意為「大勇猛」。

❸憩：休息。

❹懅：懼怕。

❺癰：膿腫。疽：毒瘡。瘭：膿瘡。

❻羅睺羅阿修羅王：羅睺羅，又作「羅護」，星名，傳說能障蔽日月而使得發生日月蝕，故印度傳說謂之阿修羅王。

爾時第一王子見地大動，為第二王子而說偈言：

震動大地，及以大海，日無精光，如有覆蔽。
於上虛空，雨諸華香，必是我弟，捨所愛身。

第二王子復說偈言：

彼虎產來，已經七日，七子圍繞，窮無飲食，
氣力羸損，命不云遠。
小弟大悲，知其窮悴，懼不堪忍，還食其子，
恐定捨身，以救彼命。

時二王子心大愁怖，涕泣悲歎，容貌憔悴，復共相將還至虎所。見弟所著帔服衣裳皆悉在一竹枝之上[1]，骸骨髮爪布散狼藉，流血處處，遍污其地。見已悶絕，不自勝持，投身骨上，良久乃蘇，即起舉首號天而哭[2]。我弟幼稚才能過人，特為父母之所愛念，奄忽捨身以飼餓虎，我今還宮，父母設問當云何答？我寧在此併命一處，不忍見是骸骨髮爪，何心捨離，還見父母、妻子眷屬、朋友知識？時二王子悲號懊惱，漸捨而去。時小王子所將侍從，各散諸方，互相謂言：今者我天為何所在？爾時王妃於睡眠中夢乳被割，牙齒墮落，得三鴿雛，一為鷹食。爾時王妃大地動時即便驚寤，心生愁怖而說偈言：

今日何故，大地大水，一切皆動，物不安所，
日無精光，如有覆蔽，我心憂苦，目睫瞤動[3]，
如我今者，所見瑞相，必有災異，不祥苦惱。

於是王妃說是偈已，時有青衣在外已聞王子消息[4]，心驚惶怖，尋即入內，啟白王妃，作如是言：『向者在外聞諸侍從推覓王子，不知所在。』王妃聞已，生大憂惱，涕泣滿目，

至大王所：『我於向者傳聞外人，失我最小所愛之子。』大王聞已而復悶絕，悲哽苦惱，抆淚而言❺：『如何今日失我心中所愛重者？』」

【譯文】

那時第一王子見大地震動，對第二王子說：

大地山河皆震動，諸方暗蔽日無光，
天花香末繽紛下，定是我弟捨身相！

第二王子也說道：

彼虎產來經七日，七子圍繞飲食盡，
氣力羸弱命不遠，小弟大悲欲救度，
懼不堪忍還食子，我疑弟定捨身命！

這時二位王子心中大為憂愁恐慌，抽泣悲嘆，容貌憔悴，又一起回到母虎所臥的地方，只看見弟弟所穿的衣裳、披肩掛在一個竹枝上，身骨、頭髮、指爪四散各處，地上是一灘一灘的血跡，一片狼藉。兄弟二人看到這個情形後哀不自持，悶絕在地，倒身在遺骨上。良久才醒，即抬頭向天，嚎啕大哭。哭喊著說：我小弟才智過人，特別被父母疼愛，忽然間捨身飼虎，我們回到宮中，父母問起來，該如何交代啊！我們寧可在這裡一起捨去性命，也不忍心見這些骸骨頭髮指爪，如何能夠捨離此地回去見父母妻子眷屬和朋友善知識啊！二位王子憂惱悲哭，依依不捨地離去。這時小王子帶領的侍從，散落在各處互相問：今天我們王子到哪裡去了？那時王妃在睡夢中，夢到雙乳被割，牙齒墜落，得到三隻雛鴿，一隻被老鷹叼去吃了。那時，王妃在大地震動時被驚醒了，心中非常慌恐不安，說道：

今日何故大地動，江河林樹皆搖震，
日無精光如覆蔽，目睫跳動心不安，
我之所夢不祥兆，必有非常災變事！

王妃說了偈後，這時有一個侍女從外面聽說王子的消息，心中驚慌，急急忙忙跑回來對王妃說：『我剛才在外面聽說，侍衛們都在尋找王子，到處都找不到。』王妃聽到這話，擔憂恐懼湧上心頭，眼睛含著淚水，哭哭啼啼來到國王住處說：『我剛才聽外面的人說，我們心愛的小兒子丟失不見了。』國王聽了以後也如雷轟頂，呆在那裡，悲痛哽咽，擦著眼淚說：『苦啊！為什麼要讓我失去最心愛的兒子呢？』」

【注釋】

❶ 帔服：即披肩等。

❷ 號：大聲哭喊。

❸ 睫：眼睫毛。瞤：眼皮跳動。

❹ 青衣：即僮僕。

❺ 拭：擦拭。

爾時世尊欲重宣此義，而說偈言：

我於往昔，無量劫中，捨所重身，以求菩提。
若為國王，及作王子，常捨難捨，以求菩提。
我念宿命，有大國王，其王名曰，摩訶羅陀，
是王有子，能大布施。
其子名曰，摩訶薩埵，復有二兄，長者名曰，
大波那羅；次名大天。
三人同遊，至一空山，見新產虎，飢窮無食。
時勝大士，生大悲心，我今當捨，所重之身。
此虎或為，飢餓所逼，儻能還食，自所生子，
即上高山，自投虎前，為令虎子，得全性命。
是時大地，及諸大山，皆悉震動，驚諸蟲獸，

虎狼師子，四散馳走，世間皆闇，無有光明。
是時二兄，故在竹林，心懷憂惱，愁苦涕泣，
漸漸推求，遂至虎所，見虎虎子，血污其口，
又見骸骨，髮毛爪齒，處處迸血，狼藉在地。
時二王子，見是事已，心更悶絕，自躄於地❶，
以灰塵土，自塗坌身❷，忘失正念，生狂癡心。
所將侍從，覩見是事，亦生悲慟，失聲號哭，
互以冷水，共相噴灑，然後蘇息，而復得起。
是時王子，當捨身時，正值後宮，妃后婇女，
眷屬五百，共相娛樂。
王妃是時，兩乳汁出，一切肢節，痛如針刺，
心生愁惱，似喪愛子。
於是王妃，疾至王所，其聲微細，悲泣而言：
大王今當，諦聽諦聽，憂愁盛火，今來燒我。
我今二乳，俱時汁出，身體苦切，如被針刺。
我見如是，不祥瑞相，恐更不復，見所愛子。

今以身命，奉上大王，願速遣人，求覓我子。
夢三鴿雛，在我懷抱，其最小者，可適我心，
有鷹飛來，奪我而去；夢是事已，即生憂惱，
我今愁怖，恐命不濟，願速遣人，推求我子。
是時王妃，說是語已，即時悶絕，而復躄地。
王聞是語，復生憂惱，以不得見，所愛子故，
其王大臣，及諸眷屬，悉皆聚集，在王左右，
哀哭悲號，聲動天地。
爾時城內，所有人民，聞是聲已，驚愕而出，
各相謂言：今是王子，為活來耶，為已死亡？
如是大士，常出軟語，為眾所愛，今難可見；
已有諸人，入林推求，不久自當，得定消息。
諸人爾時，慞惶如是❸，而復悲號，哀動神祇❹。
爾時大王，即從座起，以水灑妃，良久乃蘇，
還得正念，微聲問王：我子今者，為死活耶？
爾時王妃，念其子故，倍復懊惱，心無暫捨。

可惜我子，形色端正，如何一旦，捨我終亡？
云何我身，不先薨沒，而見如是，諸苦煩事？
善子妙色，猶淨蓮華，誰壞汝身，使令分離？
將非是我，昔日怨仇，挾本業緣❺，而殺汝耶？
我子面目，淨如滿月，不圖一旦，遇斯禍對，
寧使我身，破碎如塵，不令我子，喪失身命。
我所見夢，已為得報，直我無情，能堪是苦。
如我所夢，牙齒墮落，二乳一時，汁自流出，
必定是我，失所愛子。
夢三鴿雛，鷹奪一去，三子之中，必定失一。
爾時大王，即告其妃：我今當遣，大臣使者，
周遍東西，推求覓子，汝今且可，莫大憂愁。
大王如是，慰喻妃已，即便嚴駕，出其宮殿，
心生愁惱，憂苦所切，雖在大眾，顏貌憔悴，
即出其城，覓所愛子。
爾時亦有，無量諸人，哀號動地，尋從王後。

是時大王，既出城已，四向顧望，求覓其子，
煩惋心亂❻，靡知所在。
最後遙見，有一信來，頭蒙塵土，血污其衣，
灰糞塗身，悲號而至。
爾時大王，摩訶羅陀，見是使已，倍生懊惱，
舉首號叫，仰天而哭。
先所遣臣，尋復來至，既至王所，作如是言：
願王莫愁，諸子猶在，不久當至，令王得見。
須臾之頃，復有臣來，見王愁苦，顏貌憔悴，
身所著衣，垢膩塵污：大王當知，一子已終，
二子雖存，哀悴無賴。
第三王子，見虎新產，飢窮七日，恐還食子，
見是虎已，深生悲心，發大誓願，當度眾生，
於未來世，證成菩提。
即上高處，投身虎前，虎飢所逼，便起啖食，
一切血肉，已為都盡，唯有骸骨，狼藉在地。

是時大王，聞臣語已，轉復悶絕，失念躄地，
憂愁盛火，熾然其身，諸臣眷屬，亦復如是。
以水灑王，良久乃蘇，復起舉首，號天而哭。
復有臣來，而白王言：向於林中，見二王子，
愁憂苦毒，悲號涕泣，迷悶失志，自投於地，
臣即求水，灑其身上，良久之頃，及還蘇息，
望見四方，大火熾然，扶持暫起，尋復躄地，
舉首悲哀，號天而哭，乍復讚歎，其弟功德。
是時大王，以離愛子，其心迷悶，氣力惙然[7]，
憂惱涕泣，并復思惟，是最小者，我所愛重，
無常大鬼，奄便吞食[8]。
其餘二子，今雖存在，而為憂火，之所焚燒，
或能為是，喪失命根，我宜速往，至彼林中，
迎載諸子，急還宮殿，其母在後，憂苦逼切，
心肝分裂，或能失命，若見二子，慰喻其心，
可使終保，餘年壽命。

爾時大王，駕乘名象，與諸侍從，欲至彼林，
即於中路，見其二子，號天扣地，稱弟名字。
時王即前，抱持二子，悲號涕泣，隨路還宮，
速令二子，覲見其母❾。
佛告樹神，汝今當知：爾時王子，摩訶薩埵，
捨身飼虎，今我身是；爾時大王，摩訶羅陀，
於今父王，輸頭檀是❿；爾時王妃，今摩耶是⓫；
第一王子，今彌勒是；第二王子，今調達是⓬；
爾時虎者，今瞿夷是⓭；時虎七子，今五比丘⓮，
及舍利弗，目犍連是⓯。
爾時大王⓰，摩訶羅陀，及其妃后，悲號涕泣，
悉皆脫身，御服瓔珞，與諸大眾，往竹林中，
收其舍利，即於此處，起七寶塔。是時王子，
摩訶薩埵，臨捨命時，作是誓願，願我舍利，
於未來世，過算數劫⓱，常為眾生，而作佛事。
說是經時，無量阿僧祇諸天及人發阿耨多羅三藐三菩提心。樹神！是名禮塔往昔因緣。

爾時佛神力故，是七寶塔即沒不現。

【譯文】

那時，世尊為了重新宣說此義，又說偈頌：

我於往昔無量劫，捨所愛身求菩提，
或為國王或王子，常捨難捨求菩提。
我念昔時有大國，國王名摩訶羅陀，
其子能作大布施，名字叫摩訶薩埵；
又有二位好兄長，長名大渠次大天。
三人同遊至一山，見新產虎飢無食，
薩埵大士生大悲，思今當捨所愛身。
此虎或為飢餓逼，恐其還食所生子，
即上高山投虎前，為令虎子全性命。
這時大地及高山，悉皆震動驚蟲獸，
虎狼獅子四散走，世間皆暗無光明。
這時二兄在竹林，心懷憂惱而啼泣，

漸漸推求至虎所，見虎虎子血污口，
骸骨、髮毛及爪齒，處處迸血遍狼藉。
二兄見狀心大驚，悲痛悶絕撲於地，
以灰塵土自塗身，忘失正念生狂癡，
所領侍從見此事，也生悲慟失聲哭，
互以冷水相噴灑，然後蘇息復得起。
正當王子捨身時，後宮王妃與宮女，
眷屬五百共娛樂，王妃忽然乳汁出，
肢節疼痛如針刺，心生憂愁似喪子。
王妃急忙找國王，聲音哽咽啼泣言：
大王你今仔細聽，憂愁盛火來燒我，
我今二乳俱汁出，身體苦切如針刺，
我見如此不祥兆，恐怕不見心愛子，
今以身命奉大王，願速派人尋我子。
夢三雛鴿在我懷，其最小者稱我心，
有鷹飛來忽奪去，夢見此事我心愁。

我今憂怖恐不濟，願速派人尋我子。
王妃如此哭訴後，當即昏厥倒在地。
國王聽後生憂惱，因不見其愛子故，
其王大臣及僚屬，悉皆聚集王左右，
哀號悲哭動天地。
那時城內諸人民，聽到消息驚愕出，
互相詢問並議論，王子為活為已亡？
薩埵大士常軟語，為眾愛戴今不見，
已經有人入林尋，不久當有消息回。
諸人彼時心慌張，哀號悲哭動神祇。
那時國王從座起，以水灑妃漸蘇醒，
正念微聲問國王：兒今為死還是活？
王妃憂念其愛子，心中掛念倍增惱，
嘆言可惜端正兒，為何一旦捨我去？
為何我身不先沒，而見此等痛心事！
吾兒容色如淨蓮，誰壞你身令分離？

莫非是我昔怨仇，由於業緣而殺耶？
吾兒面目如滿月，不料一旦遇斯禍，
寧使我身碎如塵，勿令吾兒失身命！
我所作夢已預示，何其無情令我受！
夢見牙齒忽墜落，二乳一時汁自流，
必定是我失愛子；夢三雛鴿鷹奪一，
三子之中定失一。
那時大王即告妃：我即派遣諸臣僚，
周遍東西去尋子，你且不必太憂愁。
國王安慰王妃後，即整儀仗出宮殿，
心中愁惱憂苦切，雖在大眾貌憔悴。
即出大城尋愛子。
亦有無量城中人，哀號復隨王出城。
這時國王出城後，四處張望求其子，
心煩意亂隨處行。
最後遙見一人來，頭蒙塵土衣塗血，

遍體蒙塵悲號至。
那時摩訶羅陀王，見此信使倍生惱，
舉首仰天而號叫。
先遣臣使又回來，到了王前而稟告：
願王莫愁諸子在，不時即來令王見。
須臾之間有臣來，容貌痛切而憔悴，
風塵僕僕秉王說：大王一子已命終，
二子雖存甚哀憐。
第三王子見虎產，飢餓七日恐食子，
看見餓虎生悲心，發大誓願度眾生，
於未來世證菩提，即上高處投虎前，
虎飢所逼便起食，一切血肉都已盡，
唯剩骸骨在地上。
那時國王聽聞後，悶絕失念撲在地，
憂愁盛火熾燃身，群臣僚屬也如是。
以水灑王久乃蘇，又復抬頭向天哭。

又有臣來告王說：現在林中二王子，
痛苦悲嘆而啼哭，昏厥不支倒地上。
臣即求水灑其身，良久之時還復蘇，
眼望四方如大火，剛剛扶起又倒地，
舉首悲哀向天哭，忽又讚歎弟功德。
這時國王因愛子，其心迷悶氣力少，
憂痛啼泣又思維：最小兒子我最愛，
無常大鬼忽吞食；其餘二子今雖在，
而被憂火所焚燒，可能因此而失命，
我應速往彼林中，迎載二子回宮殿。
其母在宮憂苦逼，心肝分裂或失命，
若見二子慰喻心，可使保全餘壽命。
那時國王乘象車，與諸侍從往林中，
即在半路遇二子，哭天搶地稱弟名。
國王上前抱二子，痛苦之後還宮中，
速令二子見其母。

佛告樹神你當知：時王子摩訶薩埵，
捨身飼虎今我身，時國王摩訶羅陀，
即今父王輸頭檀，時王妃即今摩耶，
第一王子今彌勒，第二王子今調達，
那時母虎今瞿夷，虎七子今五比丘，
及舍利弗、目犍連。
那時國王摩訶羅，及其妃后悲號泣，
悉脫御服及瓔珞，與諸大眾往竹林，
收起王子之舍利，於其處起七寶塔。
王子薩埵捨命時，曾作如是之誓願：
願我舍利未來世，常為眾生作佛事。

世尊說此經的時候，有無量無數的諸天及人發起了阿耨多羅三藐三菩提心。樹神！這就是禮拜舍利塔的往昔因緣。那時因為佛的神力，七寶塔也隨即隱沒不現了。

【注釋】

❶躄：仆倒。

❷坌：用細末撒在物體上面。

❸慞惶：亦作「慞徨」，慌張忙亂。

❹神祇：天地神靈的總稱。在天為神，在地為祇。

❺挾：脅持，挾制。

❻惋：怨嘆煩悶。

❼惙：衰弱。

❽奄：忽然。

❾覲：朝見，或拜見。

❿輸頭檀：即佛陀的父親淨飯王。

⓫摩耶：即佛陀的母親摩耶夫人。

⓬調達：即「提婆達多」，釋迦牟尼佛的堂弟。又義淨譯文則作「曼殊室利」。

⓭瞿夷：釋迦牟尼出家前為悉達多王子時的妃子，意為明女。《華嚴經探玄記》卷二十謂佛為太子時，有三夫人：瞿夷第、耶輸陀羅、摩奴舍。

⓮五比丘：指釋迦牟尼修苦行時的五位隨從，也是佛陀成道後，最早在鹿野苑初轉法輪受到教化的

五位比丘。

⓯舍利弗、目犍連：釋迦牟尼佛的兩位上首弟子，常跟隨佛陀遊化。也是佛的十大弟子之一，舍利弗被譽為智慧第一，目犍連被譽為神通第一。

⓰「爾時大王」至「而作佛事」數句：按，「爾時大王，……而作佛事」，有版本也列為偈頌。

⓱算數劫：指算數譬喻所不能及的劫數。

讚佛品第十八

本品主題是讚佛，但難以理解的是，讚一位名叫「金寶蓋山王如來」的未來佛。這位未來佛金寶蓋山王如來是前面〈授記品〉中佛陀為信相菩薩授記將來成佛的名號，但現在卻與法會會眾一起來到了這位未來佛的國土，像是進入了「時光隧道」，由現在來到了未來，令人難以思議。這與《法華經》過去佛多寶如來忽然出現於多寶塔中，與現在佛釋迦牟尼一起宣化的情況非常類似。這一段內容特別凸顯了本經與《法華經》在經義上的相似之處，即二經都有速疾成佛之意。《金光明經》中多次說到「速成」、「疾得證成阿耨多羅三藐三菩提」。在合本、淨本〈空品〉之後的〈依空滿願品〉中，還說依諸法性空義，行菩提法，修平等行，如意寶光耀善女天因此即轉女身作梵天身，得佛授記，與《法華經》中龍女轉為男身成佛的故事也極為相似。

爾時無量百千萬億諸菩薩眾，從此世界至金寶蓋山王如來國土，到彼土已五體投地，為佛作禮，卻住一面，合掌向佛，異口同音而讚歎曰：

如來之身，金色微妙，其明照耀，如金山王，
身淨柔軟，如金蓮華。
無量妙相，以自莊嚴，隨形之好，光飾其體，
淨潔無比，如紫金山。
圓足無垢，如淨滿月；其音清徹，妙如梵聲，
師子吼聲，大雷震聲，六種清淨，微妙音聲，
迦陵頻伽❶，孔雀之聲，清淨無垢，威德具足。
百福相好，莊嚴其身，光明遠照，無有齊限，
智慧寂滅❷，無諸愛習。
世尊成就，無量功德，譬如大海，須彌寶山，
為諸眾生，生憐愍心，於未來世，能與快樂。
如來所說，第一深義，能令眾生，寂滅安隱，
能與眾生，無量快樂，能演無上，甘露妙法，
能開無上，甘露法門，能入一切，無患窟宅❸；

能令眾生，悉得解脫，度於三有，無量苦海，
安住正道❹，無諸憂苦。
如來世尊，功德智慧，大慈悲力，精進方便，
如是無量，不可稱計。
我等今者，不能說有，諸天世人，於無量劫，
盡思度量，不能得知。
如來所有，功德智慧，無量大海，一滴少分，
我今略讚，如來功德，百千億分，不能宣一，
若我功德，得聚集者，迴與眾生，證無上道。

爾時信相菩薩即於此會從座而起，偏袒右肩，右膝著地，合掌向佛而說讚言：

世尊百福，相好微妙，功德千數，莊嚴其身，
色淨遠照，視之無厭，如日千光，彌滿虛空，
光明熾盛，無量無邊，猶如無數，珍寶大聚。
其明五色，青紅赤白，琉璃頗梨❺，如融真金，
光明赫奕，通徹諸山，悉能遠照，無量佛土。
能滅眾生，無量苦惱，又與眾生，上妙快樂，

諸根清淨，微妙第一，眾生見者，無有厭足。
髮紺柔軟❻，猶孔雀項，如諸蜂王，集在蓮華。
清淨大悲，功德莊嚴，無量三昧，及以大慈，
如是功德，悉以聚集。
相好妙色，嚴飾其身，種種功德，助成菩提。
如來悉能，調伏眾生，令心柔軟，受諸快樂，
種種深妙，功德莊嚴，亦為十方，諸佛所讚，
其光遠照，遍於諸方，猶如日月，充滿虛空。
功德成就，如須彌山❼，在在示現，於諸世界。
齒白齊密，猶如珂雪，其德如日，處空明顯，
眉間毫相，右旋宛轉，光明流出，如琉璃珠，
其色微妙，如日處空。

爾時道場菩提樹神復說讚曰：

南無清淨，無上正覺，甚深妙法，隨順覺了。
遠離一切，非法非道，獨拔而出，成佛正覺。
知有非有，本性清淨，希有希有，如來功德，

希有希有，如來大海，希有希有，如須彌山，
希有希有，佛無邊行，希有希有，佛出於世，
如優曇華，時一現耳。
希有如來，無量大悲，釋迦牟尼，為人中日，
為欲利益，諸眾生故，宣說如是，妙寶經典。
善哉如來，諸根寂滅，而復遊入，善寂大城，
無垢清淨，甚深三昧❽，入於諸佛，所行之處，
一切聲聞❾，身皆空寂，兩足世尊，行處亦空。
如是一切，無量諸法，推本性相❿，亦皆空寂。
一切眾生，性相亦空，狂愚心故，不能覺知。
我常念佛，樂見世尊，常作誓願，不離佛日。
我常於地，長跪合掌，其心戀慕，欲見於佛。
我常修行，最上大悲，哀泣雨淚，欲見於佛。
我常渴仰，欲見於佛，為是事故，憂火熾然。
惟願世尊，賜我慈悲，清冷法水，以滅是火。
世尊慈愍，悲心無量，願賜我身，常得見佛。

世尊常護，一切人天，是故我今，渴仰欲見。

聲聞之身，猶如虛空，焰幻響化⓫，如水中月，

眾生之性，如夢所見，如來行處，淨如琉璃，

入於無上，甘露法處，能與眾生，無量快樂。

如來行處，微妙甚深，一切眾生，無能知者。

五通神仙，及諸聲聞，一切緣覺，亦不能知。

我今不疑，佛所行處，惟願慈悲，為我現身。

爾時世尊，從三昧起⓬，以微妙音，而讚歎言：善哉善哉！樹神善女！汝於今日，快說是言，一切眾生，若聞此法，皆入甘露，無生法門。

【譯文】

那時，無量百千萬億的諸菩薩眾，從此世界到金寶蓋山王如來的國土。到了彼土後，五體投地，為佛作禮，安坐一邊，合掌向佛，異口同音而讚歎說：

如來金色微妙身，光明照耀如金山，

身淨柔軟如蓮華。

三十二相遍莊嚴，八十種好皆圓備，

光飾其體潔無比。
圓足無垢如滿月，其音清徹似梵聲，
如獅子吼雷震音；六種清淨微妙聲，
迦陵頻伽孔雀聲，清淨無垢威德具。
百福相好莊嚴身，光明遠照無齊限，
智慧澄明無愛染。
世尊成就無量德，譬如大海須彌山，
哀愍利益諸眾生，於未來世與安樂。
如來所說第一義，令證涅槃真寂靜，
能與眾生無量樂。
能演無上甘露法，能開無上甘露門，
能入一切無患窟，能令眾生悉解脫。
已度三有大苦海，安住正道無諸苦。
如來功德與智慧，慈悲、精進與方便，
德海無量不可計，我等今者不能說。
諸天世人無量劫，盡其思維不能知，

如來功德智慧海，無量大海之一滴。
我今略讚如來德，百千億分不及一，
我所聚集之功德，迴向眾生證菩提。

那時，信相菩薩在此會中，即從座起，偏袒右肩，右膝著地，合掌向佛讚歎說：

世尊百福相圓滿，功德千數莊嚴身，
色淨遠照視無厭，如日千光彌滿空。
光明熾盛無邊際，猶如無數珍寶聚，
青紅赤白及雜色，五色光耀如融金；
光明赫奕徹諸山，悉能遠照無量土，
能滅眾生無量苦，又與無邊上妙樂。
諸根清淨妙第一，眾生樂睹無厭足。
髮紺柔軟孔雀項，猶如蜂王集妙華，
清淨大悲德莊嚴，無量三昧及大慈，
如是功德悉聚集，相好妙色嚴飾身，
種種功德成菩提。
如來調伏諸眾生，令心柔軟受諸樂。

種種妙德共莊嚴，亦為十方諸佛讚，
其光遠照遍十方，猶如日月滿虛空。
功德成就如須彌，示現周遍諸世界。
齒白齊密如珂雪，德如日處空明顯。
眉間毫相右旋轉，光明流出如琉璃，
妙如赫日遍空中。

那時，道場菩提樹神又讚歎說：

南無清淨無上覺，甚深妙法隨順覺，
遠離一切非法道，獨拔而出成正覺。
知有非有本清淨，稀有如來功德海，
稀有如來智慧海，稀有光相如須彌，
稀有世尊無邊行，稀有如來出於世，
如優曇華時一現；稀有如來大慈悲，
釋迦牟尼人中日，為欲利益眾生故，
宣說如是妙寶經。
善哉如來諸根定，能入寂靜涅槃城，

無垢清淨深三昧，入於諸佛所行處。
聲聞弟子身空寂，兩足尊行處亦空，
如是一切無量法，推本性相皆空寂，
一切眾生亦空寂。
狂愚心故不能覺，我常念佛樂見佛，
我常誓願不離佛。
常於地上跪合掌，其心戀慕欲見佛；
常行最上之大悲，哀泣雨淚欲見佛；
心中憂火熾然盛，我常渴仰欲見佛。
唯願世尊賜慈悲，清涼法水滅憂火！
世尊無量慈悲心，願賜我身常見佛！
世尊常護諸人天，是故我今欲見佛，
聲聞之身如虛空，如焰如響如水月，
眾生之性如夢幻。
如來行處如琉璃，入於無上甘露法，
能與眾生無量樂。

如來行處妙甚深。
一切眾生無能知，五通神仙及聲聞、
一切緣覺亦不知。
我今不疑佛行處，唯願慈悲為現身！

那時世尊即從禪定中出，以微妙梵音讚歎說：「善哉善哉！樹神善女天！你於今日宣揚妙言，一切眾生若聽聞到此法，皆入甘露無生法門。」

【注釋】

❶迦陵頻伽：產於印度的鳥，屬於雀類，以音聲美妙著稱。意為好聲鳥、美音鳥、妙聲鳥。其色黑似雀，羽毛甚美，喙部呈赤色，在卵殼中即能鳴，音聲清婉，和雅微妙。佛教經典中，常以其鳴聲比喻佛菩薩之妙音。

❷寂滅：指佛三涅槃境界，法身空性境界，故下文譯為「澄明」。

❸無患窟：義淨譯文為「涅槃城」，指一切貪瞋癡煩惱永滅的涅槃境界。

❹正道：即「八正道」。

❺頗梨：又作「玻璃」，意譯「水玉」、「白珠」、「水精」等。七寶之一。「琉璃頗梨」指諸色珍寶。

❻ 髮紺：頭髮紺青色。

❼ 如須彌山：此處對照義淨譯文，當是指佛之身光。

❽ 三昧：又作「三摩地」，意為「等持」、「定」、「正定」等。心止於一處而不動、心一境性名為定。

❾ 一切聲聞：此處指聲聞弟子。

❿ 性相：指體性與相狀。不變而絕對之真實本體，或事物之自體，稱為「性」；差別變化之現象的相狀，稱為「相」。本經以性相皆為空寂。

⓫ 焰幻響化：焰幻指水泡之陽焰，響化指聲音倏忽消失。

⓬ 三昧：指禪定。

囑累品第十九

按照三分科經的慣例，本品屬於流通分的付囑部分。佛陀從定中起，付囑諸天神護持流通此經，勿使斷絕；又敘說受持本經的利益，勸諸天眾等廣為流傳，使流通久遠，令未來世眾生得到大利益。諸天神殷重宣說誓言，依照世尊付囑而護持此經。

爾時釋迦牟尼佛從三昧起，現大神力，以右手摩諸菩薩摩訶薩頂。與諸天王及諸龍王、二十八部散脂鬼神大將軍等而作是言：「我於無量百千萬億恆河沙劫修習是金光明微妙經典，汝等當受持讀誦，廣宣此法，復於閻浮提內無令斷絕。若有善男子、善女人，於未來世中有受持讀誦此經典者，汝等諸天常當擁護，當知是人於未來世無量百千人天之中常受快樂，於未來世值遇諸佛，疾得證成阿耨多羅三藐三菩提。」

爾時諸大菩薩及天龍王、二十八部散脂大將等，即從座起，到於佛前，五體投地，俱發聲言：「如世尊敕，當具奉行！」如是三白，「如世尊敕！當具奉行！」於是散脂大將等而白佛言：「如世尊敕！若未來世中有受持是經，若自書，若使人書，我等與此二十八部諸鬼神等常當隨侍擁護，隱蔽其身，是說法者皆悉消滅諸惡，令得安隱。願不有慮！」

爾時釋迦牟尼佛現大神力，十方無量世界悉皆六種震動。是時諸佛皆大歡喜，囑累是經故，讚美持法者，現無量神力。於是無量無邊阿僧祇菩薩摩訶薩大眾，及信相菩薩、金光、金藏、常悲、法上等，及四天大王、十千天子，與道場菩提樹神、堅牢地神及一切世間天人阿修羅等，聞佛所說，皆發無上菩提之道，踊躍歡喜，作禮而去。

【譯文】

那時釋迦牟尼佛從三昧起，示現大神力，以右手遍摩諸菩薩摩訶薩的頭頂，對諸天王、諸龍王、二十八部散脂鬼神大將軍等說了這樣付囑的話：「我於無量百千萬億恆河沙劫修習這部《金光明》微妙經典，你們應當受持讀誦，廣為宣說此法，不要讓此經在閻浮提內的流通斷絕。如果有善男子善女人，在未來世中有受持讀誦這部經典的，你們諸天應當常常擁護，當知此人在未來世無量百千人天之中常受快樂，於未來世會值遇諸佛，速疾得證阿耨多羅三藐三菩提。」

那時諸大菩薩及諸天、龍王、二十八部散脂大將等，即從座起，到了佛前，五體投地，同聲說：「遵照世尊敕令，我等完全奉行！」這樣說了三遍，「遵照世尊敕令，我等完全奉行！」於是散脂大將等對佛說：「遵照世尊敕令！如果未來世中有人受持這部經，若是自己書寫，若是讓別人代為書寫，我們將與二十八部諸鬼神等隱蔽身形，常常跟隨護衛這人，使得這位受持說法的人消滅一切諸惡，得到安穩。請您不必掛念！」

那時釋迦牟尼佛示現大神力，十方無量世界都發出了六種震動。這時諸佛皆大歡喜，為了付囑這部經的緣故，讚美持法的人，示現了無量的神力。於是無量無邊阿僧祇的菩薩摩訶薩大眾及信相菩薩、金光、金藏、常悲、法上等菩薩，及四大天王、十千天子，與道場菩提樹神、堅牢地神及一切世間天人、阿修羅等聽聞了佛的說法之後，都發起了無上菩提之心，踴躍歡喜，作禮而去。

延伸閱讀

《金光明經》，北涼三藏法師曇無讖譯，《大正藏》第十六冊，頁三三五。
《合部金光明經》，隋沙門釋寶貴合，北涼三藏曇無讖譯，《大正藏》第十六冊，頁三五九。
《金光明最勝王經》，唐三藏沙門義淨譯，《大正藏》第十六冊，頁四〇三。
《金光明經玄義》，隋智顗說，灌頂錄，《大正藏》第三十九冊，頁一。
《金光明經文句》，隋智顗說，灌頂錄，《大正藏》第三十九冊，頁四十六。
《金光明經玄義拾遺記》，宋知禮述，《大正藏》第三十九冊，頁十二。
《金光明經文句記》，宋知禮述，《大正藏》第三十九冊，頁八十三。
《金光明經疏》，隋吉藏撰，《大正藏》第三十九冊，頁一六〇。
《金光明最勝王經疏》，唐慧沼撰，《大正藏》第三十九冊，頁一七五。
《金光明經玄義順正記》，宋從義撰，《卍續藏》第二十冊，頁三〇〇。
《金光明經文句新記》，宋從義撰，《卍續藏》第二十冊，頁三六九。
《金光明經照解》，宋宗曉述，《卍續藏》第二十冊，頁四七八。

《金光明經科注》，明受汰集，《卍續藏》第二十冊，頁五三九。
《隋國師智者天台山國清寺釋智顗傳》，《續高僧傳》卷十七，《大正藏》第五十冊，頁五六〇。
《金光明懺法》，《國清百錄》卷一，《大正藏》第四十六冊，頁七九六。
《智者遺書與臨海鎮將解拔國述放生池》，《國清百錄》卷四，《大正藏》第四十六冊，頁八二二。
《金光明最勝懺儀》，宋知禮集，《大正藏》第四十六冊，頁九六一。
《金光明懺法補助儀》，宋遵式集，《大正藏》第四十六冊，頁九五七。
《法界聖凡水陸勝會修齋儀軌》，志磐撰、明祩宏重訂，《卍續藏》第七十四冊，頁七八四。
《重編諸天傳》，宋行霆述，《卍續藏》第八十八冊，頁四二一。
《供諸天科儀》，清弘贊集，《卍續藏》第七十四冊，頁六三七。
《佛說四天王經》，南朝宋智嚴、寶雲譯，《大正藏》第十五冊，頁一一八。
《佛說毘沙門天王經》，宋法天譯，《大正藏》第二十一冊，頁二一七。
《佛說大吉祥天女十二名號經》，唐不空譯，《大正藏》第二十一冊，頁二五二。
《堅牢地天儀軌》，唐善無畏譯，《大正藏》第二十一冊，頁三五四。
CBETA《大藏經》、《卍續藏》電子版。
《中華佛教百科全書》電子版。

《佛光大辭典》電子版。
丁福保，《佛學大辭典》電子版。
歐陽竟無，《金光明經敘》，《藏要》第三輯，第九冊（上海書店，一九九一年影印本）。
周叔迦，《二十四諸天考》，《周叔迦佛學論著集》下集（北京：中華書局，一九九一）。
牟宗三，《金光明玄義論「無住本」》，收於張曼濤編，《現代佛教學術叢刊》第五十八冊，《天臺典籍研究》，一九七六。
聖凱，《中國佛教懺法研究》（北京：宗教文化出版社，二〇〇四）。
張文良，《金光明（最勝王）經》選譯，《中國佛教經典寶藏》（高雄：佛光出版社，一九九六）。
崔紅芬，《西夏〈金光明最勝王經〉信仰研究》，《敦煌研究》二〇〇八年第二期，頁五十四。
耿世民，《回鶻文〈金光明經〉研究》，《新疆師範大學學報》（哲學社會科學版），二〇〇八年第三期，頁三〇。
黃延軍，《中國國家圖書館藏西夏譯北涼本〈金光明經〉殘片考》，《寧夏社會科學》，二〇〇七年第二期，頁一〇三。
N. Yakhontova，《〈金光明經〉蒙文、衛拉特本》，二〇〇六年西域文獻座談會．中國國家圖書館。

張湧泉、李玲玲，《敦煌本〈金光明最勝王經音〉研究》，《敦煌研究》，二〇〇六年第六期，頁一四九。
林鳴宇，《〈金光明經〉信仰及其懺法之流傳》，《佛學研究》二〇〇四年，頁一六八。
楊寶玉，《〈懺悔滅罪金光明經冥報傳〉校考》，《英國收藏敦煌漢藏文獻研究》（北京：中國社會科學出版社，二〇〇〇）。
（日）護雅夫撰，李樹輝譯，《回鶻語譯本〈金光明最勝王經〉》，《語言與翻譯》，一九九七年第四期，頁二四。

白話佛經
金光明經

2012年12月初版 定價：新臺幣260元

主編	賴	永	海
譯注者	劉	鹿	鳴
發行人	林	載	爵

出版者	聯經出版事業股份有限公司
地址	台北市基隆路一段180號4樓
編輯部地址	台北市基隆路一段180號4樓
叢書主編電話	(02)87876242轉203
台北聯經書房	台北市新生南路三段94號
電話	(02)23620308
台中分公司	台中市健行路321號
暨門市電話	(04)22371234ext.5
郵政劃撥帳戶第	0100559-3號
郵撥電話	(02)23620308
印刷者	文聯彩色製版印刷有限公司
總經銷	聯合發行股份有限公司
發行所	新北市新店區寶橋路235巷6弄6號2樓
電話	(02)29178022

叢書主編	簡	美	玉
編輯	梅	心	怡
特約編輯	吳	淑	芳
校對	簡	毓	慧
封面設計	陳	文	德
內文排版	翁	國	鈞

行政院新聞局出版事業登記證局版臺業字第0130號

本書如有缺頁，破損，倒裝請寄回台北聯經書房更換。 ISBN 978-957-08-4106-0 (平裝)
聯經網址：www.linkingbooks.com.tw
電子信箱：linking@udngroup.com

本書中文繁體字版由中華書局（北京）授權出版

國家圖書館出版品預行編目資料

金光明經/賴永海主編．劉鹿鳴譯注．初版．
臺北市．聯經．2012年12月（民101年）．
272面．14.8×21公分（白話佛經）
ISBN 978-957-08-4106-0（平裝）

1.經集部

221.742 101023075